ESSAI

SUR

LES CONDITIONS ET LES LIMITES

DE LA

CERTITUDE LOGIQUE

PAR

G. MILHAUD

Agrégé de mathématiques, Docteur ès lettres,
Chargé de cours de philosophie à l'Université de Montpellier

DEUXIÈME ÉDITION REVUE

PARIS

ANCIENNE LIBRAIRIE GERMER BAILLIÈRE ET Cie

FÉLIX ALCAN, ÉDITEUR

108, BOULEVARD SAINT-GERMAIN, 108

1898

ESSAI

SUR

LES CONDITIONS ET LES LIMITES

DE LA

CERTITUDE LOGIQUE

FÉLIX ALCAN, ÉDITEUR

A LA

MÉMOIRE DE MON PÈRE ET DE MA MÈRE

A

M. ÉMILE BOUTROUX

PROFESSEUR DE PHILOSOPHIE A LA FACULTÉ DES LETTRES DE PARIS

HOMMAGE DE RESPECT ET DE RECONNAISSANCE

PRÉFACE

L'accueil bienveillant que ce livre a reçu du public m'engage à en donner une deuxième édition. Je n'y apporte que des changements de détail, sauf sur un point. (J'accepte comme établi par les néogéomètres que l'axiome d'Euclide ne peut se déduire des autres ; — convaincu d'ailleurs qu'il y a là un fait tout spécial, incapable de contredire à la thèse générale.)

Ce n'est pas que je n'eusse trouvé l'occasion de marquer, plus que par des nuances de détail, le désir de compléter ma pensée. En deux mots, je suis de plus en plus frappé de la puissance infinie de l'activité créatrice de l'esprit ; et, tandis que j'assignais quelquefois au concept un rôle négatif, celui de garantir la valeur logique des raisonnements, j'y vois davantage un principe fécond de l'élaboration scientifique. Plus que jamais je suis pénétré du rôle et de l'efficacité de *l'idée*, non pas seulement de cette idée qui n'est qu'une hypothèse devançant l'observation, mais du produit original de l'intelligence humaine. J'ai le sentiment d'avoir été parfois trop exclusivement logicien ; et il n'est pas jusqu'au cas extrême de la rigueur absolue, rêvée par le mathématicien, où je ne voie aujourd'hui se substituer à l'immobilité statique du principe d'identité l'identité vivante et dynamique de la pensée.

Fallait-il cependant toucher au fond même de cette thèse ? Il m'a semblé, après réflexion, que ce serait me placer dans les conditions de sincérité les plus parfaites, que de reproduire ce livre à très peu près tel qu'il était, sauf à le faire suivre d'une sorte de complément. Ce sera un second volume formé d'une série d'études, auxquelles plusieurs revues ont accordé déjà leur bienveillante hospitalité. Le lecteur y trouvera des extraits assez nombreux du cours que j'ai eu l'honneur de professer pendant ces deux dernières années à la Faculté des Lettres de Montpellier ; et il en dégagera suffisamment, à défaut d'un exposé systématique, la tendance dont j'ai indiqué le sens.

Montpellier, ce 3 octobre 1897.

G. MILHAUD.

CONDITIONS ET LIMITES

DE LA

CERTITUDE LOGIQUE

Nous voulons montrer que la contradiction logique, par les conditions qu'elle exige pour se reconnaître, n'autorise aucune affirmation en dehors des faits particuliers directement observés, et dénoncer l'illusion de tous ceux qui nous apportent, au nom du principe de contradition, la solution définitive de problèmes dont la portée dépasse le domaine de l'expérience. Notre méthode reposera sur la distinction, fondamentale à nos yeux, de ce qui est *donné* et de ce qui est *construit*, dans les éléments de la pensée. Quant au plan, le voici en peu de mots :

La première partie a pour objet d'établir directement notre thèse.

La deuxième partie la confirmera par un appel au témoignage des mathématiques.

Nous nous attacherons, dans la troisième partie, à ruiner, par un examen direct, ce que les opinions couramment formulées sur quelques problèmes philosophiques présentent de manifestement contradictoire avec nos conclusions.

PREMIÈRE PARTIE

CONDITIONS DE LA CONTRADICTION LOGIQUE

Nous ne manquons pas de mots pour exprimer qu'une chose nous apparaît comme impossible. Cela est incroyable, incompréhensible, inconcevable, inimaginable, disons-nous, sans regarder de bien près au sens distinct que peut avoir chacune de ces expressions. Si cependant tous les cas où nous parlons ainsi impliquent en commun la croyance à une certaine impossibilité, la nature de cette impossibilité n'est pas toujours la même, et les motifs de notre opinion sont variés comme les circonstances où elle se produit. Peut-on attribuer certains cas d'inconcevabilité au contradictoire? En d'autres termes, peut-on ramener certaines affirmations qui nous répugnent à celle que A serait non-A? A quelle condition cela sera-t-il possible, au moins dans certaine mesure? Et enfin notre connaissance des choses pourra-t-elle en tirer un profit spécial? Telles sont les questions auxquelles nous voudrions essayer de répondre.

Nous croyons que, pour étudier le rôle du contradictoire, il n'y a pas lieu de séparer en deux catégories distinctes les cas d'inconcevabilité, mais seulement de mesurer, en présence des mêmes propositions, le degré d'objectivité ou de subjectivité qu'on laisse aux termes, dans la signification qu'on leur attribue.

Essayons de nous faire comprendre.

Et d'abord évitons tout malentendu sur le sens de ces termes : *objectif* et *subjectif*, qui reviendront quelquefois sous notre plume. Nous ne concevons pas que l'esprit puisse sortir de lui-même : il ne connaît des choses que les états qu'elles suscitent en lui, que ses sensations, les idées qu'il acquiert ou qu'il peut se former, en vertu de sa nature, sur les données de la conscience et des sens. Ce domaine exclusif de sensations et d'idées est le seul où il ait accès. Sans doute, nous sommes ainsi faits que nous projetons au dehors le contenu de toute pensée. Un jugement que nous énonçons est toujours accompagné dans notre esprit d'un doute ou d'une croyance qui, à coup sûr, veut viser au delà du fait de conscience. Cela est si vrai, qu'il a fallu à l'homme un degré de culture fort avancé, il a fallu des siècles de méditation pour suggérer la distinction du sujet et de l'objet dans l'acte de pensée le plus simple. Mais où aboutit l'esprit dans cet effort instinctif de sortir de lui-même ? Lorsqu'il veut envisager, dans tout phénomène, en dehors de l'impression même qu'il reçoit, quelque chose qu'il lui oppose, à quoi parvient-il, sinon à former une idée encore ? Retenu en lui-même par une barrière infranchissable, même au degré le plus élevé de l'objectivation apparente, l'esprit ne saurait trouver d'autre matière à ses idées que celle qu'il se forme lui-même par son fonctionnement naturel. Notre connaissance est donc, dans ce sens, essentiellement subjective, et la signification que nous donnerons à un terme quelconque ne peut s'énoncer, en dernière analyse, qu'en éléments empruntés au domaine des sensations et des idées.

Mais ne nous accordera-t-on pas, en retour, que l'esprit, placé en face de ce domaine, peut jouer un rôle plus ou moins actif dans la formation de ses idées, et que, suivant que sa part dans cette élaboration est plus ou moins faible, l'idée se présente avec un aspect plus ou moins nécessaire, ou, si l'on veut, plus ou moins réel, c'est-à-dire plus ou moins semblable à ce qu'offre tout naturellement l'expérience ou l'intuition, à ce qui est emprunté de toutes pièces à la série des sensations et des images qui défilent devant la conscience ? N'accordera-t-on pas que, suivant le rôle plus ou moins créateur, personnel, de l'intelligence, se dédoublant pour assister à ce défilé, le langage pourra désigner des choses s'offrant d'elles-mêmes ou des *concepts* plus ou moins artificiellement construits ?

Certes, si nous portions notre attention sur le sens ordinaire de certains mots, il nous serait aisé d'éclairer notre distinction par quelques exemples. Que l'on compare entre eux les mots *bleu, rouge, ce papier, cet encrier, cet homme, homme, cheval, cercle, ellipse, longueur d'un arc de courbe, chaleur spécifique, potentiel, probabilité mathématique, etc.* A s'en rapporter au sens ordinaire de ces termes et à la seule impression qu'ils produisent sur nous, il nous semble difficile de ne pas sentir une gradation sur le caractère de moins en moins imposé, nécessaire, objectif de la chose désignée. A première vue, tout le monde reconnaîtra que les éléments plus ou moins nombreux qui forment les premiers objets se trouvent donnés ensemble par l'expérience, sans dissociation ni recomposition, tandis que le choix spécial des matériaux qui servent à la construction des derniers leur communique un aspect plus fictif, plus conventionnel, plus subjectif. Nous n'avons nullement la pensée d'affirmer ici que ces impressions sont absolument légitimes et que les premiers mots cités ont un sens exclusivement objectif, tandis que la signification des derniers est exclusivement subjective ; pas plus d'ailleurs que nous ne songeons à nous inspirer d'aucune classification habituelle (mots concrets ou abstraits, idées particulières ou générales, expressions vulgaires ou scientifiques, définitions physiques ou mathématiques, etc.) pour nommer deux classes de choses, les unes objectives, les autres subjectives.

Notre but est simplement d'abord de poser, sans malentendu, une distinction entre ces deux qualificatifs, sauf à expliquer ensuite comment, dans tous les domaines de la pensée, les termes d'un jugement quelconque peuvent être affectés, pour ainsi dire, d'un coefficient variable entre deux limites extrêmes et indiquant le degré d'objectivité que leur attribue celui qui parle.

Commençons par fixer l'attention sur l'interprétation objective du langage, celle que nous semble réaliser, autant qu'il est possible, la logique de St. Mill, par exemple.

En dehors des noms qui servent d'étiquettes à certains sujets uniques, comme les noms propres, et qui ne font que *dénoter* les choses auxquelles ils s'appliquent, sans impliquer aucune désignation d'attributs, quelle est, du point de vue réaliste où nous nous plaçons, la signification d'un nom concret ou abstrait ? C'est l'ensemble des attributs connus ou inconnus, que l'expérience et l'observation sont capables de nous révéler comme lui appartenant. Certaines synthèses de phénomènes ou d'éléments idéaux ou sensationnels se posent devant nous et se détachent du champ de l'expérience par un certain nombre de propriétés qui nous frappent. Celles-ci suffisent pour les faire envisager comme des touts distincts, et les faire désigner par des noms; mais il faut voir sous chacun d'eux quelque chose qui ne se montre à nous que peu à peu, qui nous échappe toujours en partie : bref, dont la connaissance se fait sans cesse et indéfiniment. Dans les modifications incessantes que subira cette connaissance, nous ne pouvons même pas affirmer que les attributs un à un découverts viendront simplement continuer une liste déjà dressée : l'expérience peut nous conduire à corriger cette liste en supprimant çà et là des attributs qui ne devaient pas y figurer.

Qu'il s'agisse d'abord d'un objet concret particulier, ce papier, par exemple, sur lequel j'écris. Quelques propriétés sautent aux yeux tout d'abord : sa couleur, sa consistance, ses dimensions approximatives. Mais combien d'autres pourraient être révélées par une série d'expériences, telles que son poids spécifique, la nature du résidu que donnerait sa combustion, etc., et combien d'autres encore resteront toujours à découvrir?

Qu'il soit question d'un terme général d'ordre concret : homme, cheval, eau, soufre, oiseau, — (les noms abstraits s'y ramèneraient sans peine, la vertu étant la qualité de l'homme vertueux, la beauté, la qualité de ce qui est beau, etc.), — les premières propriétés qui suggèrent un mot spécial pour une même chose ne sont plus fournies comme tantôt par une seule observation ; elles se dégagent d'observations répétées par le souvenir qu'elles laissent d'un certain nombre d'impressions communes. Mais, à cela près, la *connotation* du mot présentera le même caractère de progrès continu et indéfini que dans le cas des objets particuliers. « Voici un corps inorganique, l'eau, dit Taine (1). L'idée que

(1) *L'Intelligence*, II, l. IV, ch. I.

j'en ai est celle d'un liquide sans odeur ni couleur, transparent, bon à boire, qui peut devenir glace ou vapeur, rien de plus ; du groupe énorme de caractères ou propriétés physiques et chimiques qui s'accompagnent et constituent l'eau, je ne sais pas autre chose. Les physiciens et les chimistes viennent avec leurs balances, leurs thermomètres, leurs machines électriques, leurs instruments d'optique, leurs réactifs, et, entre leurs mains, les cinq ou six mailles qui composaient mon idée se multiplient jusqu'à former un vaste réseau. Mais ce réseau, si agrandi qu'on l'imagine, n'aura jamais autant de mailles qu'il y a de caractères dans l'objet auquel il correspond ; car il suffira toujours de trouver un corps nouveau pour lui en ajouter une. Au commencement du siècle, la découverte du potassium et du sodium a montré qu'au contact de certains métaux l'eau se décompose à froid. C'était là un caractère nouveau. Si nous avions en main les corps simples inconnus que les raies du spectre nous indiquent aujourd'hui dans les étoiles, et si nous pouvions soumettre l'eau à leur action, très certainement l'eau manifesterait des propriétés inconnues qu'il faudrait ajouter à la liste. En attendant, pour tout objet, cette liste demeure toujours ouverte. » Mais il y a plus, il ne faut pas se faire illusion sur le caractère de certitude et de fixité des attributs que porte cette liste provisoire. « Il est quelquefois difficile, dit St. Mill (1), de décider jusqu'à quel point un mot particulier connote ou non, c'est-à-dire de savoir exactement, le cas ne s'étant pas présenté, quel degré de différence dans l'objet entraînerait une différence dans le nom. Ainsi il est clair que le mot homme connote, outre l'animalité et la rationalité, une certaine forme extérieure ; mais il serait impossible de dire pré-

(1) *Logique*, I, p. 38 (trad. Peisse) ; Paris, Félix Alcan.

cisément quelle forme, c'est-à-dire de décider quelle déviation de la forme ordinaire serait suffisante pour faire refuser le nom d'homme à une race nouvellement découverte. La rationalité étant aussi une qualité qui admet des degrés, on n'a jamais déterminé quel est le minimum qu'une créature devrait posséder pour être considérée comme un être humain. Dans tous les cas de ce genre, la signification reste vague et indéterminée. »

Pour le besoin de certaines classifications scientifiques, on peut bien fixer son attention sur un petit groupe d'attributs d'une chose et créer ainsi des noms généraux ou génériques, que d'autres appellent concepts, dira St. Mill; mais nous ne pouvons les concevoir que « comme formant une représentation conjointement avec d'autres attributs qui n'existent pas dans le concept... La différence entre les parties de la même représentation qui sont en dedans et celles qui sont en dehors de ce que nous appelons le concept, ne consiste pas en ce que les premières sont l'objet de l'attention et que les secondes ne le sont pas, chacune de ces propositions n'est pas toujours vraie, mais en ce que, prévoyant que nous désirerons fréquemment ou accidentellement porter notre attention sur les premières, nous avons inventé nous-mêmes ou reçu de nos devanciers un moyen artificiel de nous les rappeler, et qui sert aussi à fixer exclusivement notre attention sur ces parties, quand elles sont appelées dans l'esprit. » D'après cette manière de voir, par conséquent, les concepts sont au fond incapables d'être pensés, si ce n'est comme parties de quelque chose dont ils ne peuvent être séparés.

Les définitions scientifiques, tout comme la signification ordinaire des noms, sont d'ailleurs éminemment

variables. « Leur objet principal est de marquer des
limites dans une classification scientifique, et, comme
les classifications sont continuellement modifiées à mesure que la science avance, les définitions scientifiques
varient aussi toujours. »

Faudra-t-il excepter de ces considérations générales
les définitions qui sortent du domaine des sciences
physiques et naturelles ? Nullement. Prenons, par
exemple, les notions géométriques. Que ce soit de l'expérience, comme le veut St. Mill, ou de l'intuition que
se dégage l'idée de la ligne droite, c'est là une chose
qui se pose comme objet d'étude à notre intelligence, et
dont un travail analytique plus ou moins avancé nous
permet d'énoncer, sous forme de postulats, les propriétés qui nous apparaissent successivement, — avec
le sentiment d'ailleurs que nous ne les énonçons pas
toutes, et que jamais nous n'oserons déclarer notre liste
de postulats adéquate à la connotation de la ligne
droite.

S'agit-il du cercle ? C'est l'expérience ou l'intuition
qui nous donnent une figure concrète, de forme spéciale, un rond parfait, où nous découvrons un centre,
c'est-à-dire un point également éloigné de tous les
points de la ligne. Cette propriété en entraînera d'autres.
Mais on n'ira pas bien loin, si l'on n'introduit des notions nouvelles (ce que feront les géomètres en énonçant de nouvelles définitions), comme la notion de la
longueur de la circonférence, de l'aire du cercle, etc.,
et si l'on n'étudie les figures formées par des combi-
naisons de cercles et de droites, ou de plusieurs
cercles, etc., absolument comme, dans l'exemple de
Taine, les propriétés de l'eau se multipliaient sans cesse
par les recherches nouvelles auxquelles on la soumet-
tait.

Bref, dans cette façon d'interpréter la signification

des noms, qu'il s'agisse du langage usuel ou du langage
scientifique, le nom désigne la chose inconnue, ou par-
tiellement entrevue, qui s'offre à nous ; et la signification ordinaire ou la définition scientifique se modifient
et se corrigent sans cesse à mesure que notre connaissance s'accroît.

A cette manière d'entendre le sens des mots s'oppo-
sent les concepts construits par le sujet. Puisant dans
le champ des idées, des sensations et des images qui
pénètrent la conscience, l'esprit se forme pour lui-même
des agrégats clairement définis, au contour nettement
délimité. Il peut procéder différemment dans les différents domaines où s'exerce son activité, depuis les
sciences les plus abstraites jusqu'au langage vulgaire ;
il peut se laisser guider dans son choix par tels ou tels
motifs, et, en particulier, par le désir de se rapprocher
le plus possible des synthèses naturelles dont il serait
impuissant à donner des analyses complètes ; quoi qu'il
en soit, les noms concrets ou abstraits désigneront pour
lui des ensembles dont il a voulu lui-même arrêter le
contenu.

Ouvrons un traité d'algèbre ou de géométrie. Les définitions qui se succèdent sans interruption s'énoncent
toujours de la même manière : j'appelle de tel nom ce
qui a telles propriétés ; on pourrait dire : ce à quoi j'attribue telles propriétés. Les mathématiques, présentées
à la façon dont on les enseigne d'ordinaire, nous donnent ainsi le plus saisissant exemple de la pensée s'exerçant sur des concepts dont elle a elle-même fixé la
connotation comme par décret.

Dans les sciences d'observation, il ne manque pas
d'abord de définitions formées de la même manière :
telles sont celles de la chaleur spécifique, de la chaleur
de fusion, du coefficient de dilatation, du potentiel, etc.
Ce sont d'ailleurs ces notions définies avec précision

qui permettent l'introduction de la méthode mathématique en physique. Mais, même en restant dans le domaine exclusif de l'expérience, St. Mill accorde, nous
l'avons vu, qu'il peut être utile de fixer son attention
sur un groupe d'attributs déterminés d'une chose ; si
dans l'esprit le nom se lie à ce groupe seulement, un
concept se trouve formé. Mill a nié qu'il fût possible de
le penser sans y joindre toute une synthèse d'attributs
connus ou inconnus qui en sont inséparables dans la
réalité. Penser signifie évidemment ici « se représenter
comme réalisé, comme ayant une certaine forme, une
étendue, etc. » Mais ne pense-t-on que ce qu'on imagine ? Dans les classifications, où, de l'aveu de Mill, c'est
le contenu du nom général ou du concept qui guide
l'esprit, n'est-ce pas lui aussi qui est pensé ? Ces synthèses, artificielles si l'on veut, mais du moins clairement définies, ne peuvent-elles servir de sujet à des
propositions, abstraction faite de tout supplément d'attributs ? et ne pouvons-nous ensuite raisonner sur de
pareilles propositions ? La question de savoir si, pendant que nous raisonnons ainsi, l'imagination vient
compléter les concepts en leur donnant un corps nous
importe fort peu. Il nous suffit que la signification des
noms qui fait les propositions vraies ou fausses, le raisonnement rigoureux ou défectueux, soit celle des concepts dont nous avons nous-mêmes tracé le contour. Et
personne ne peut nier qu'il en soit ainsi.

Enfin, ce qui est vrai du langage scientifique peut
l'être aussi des termes usuels. Quand nous voulons indiquer quel est l'objet dont nous parlons, il y a pour
nous d'autres moyens que de nommer un synonyme ou
d'énumérer tous les attributs que l'expérience peut nous
montrer réunis dans l'objet. Le plus souvent nous
ferons un choix parmi ces attributs, nous laissant guider soit par l'ordre dans lequel ces impressions se sont

produites sur nous, soit par tous autres motifs psycho-
logiques plus ou moins intéressants pour le philologue;
et, pour donner la signification d'un nom dont nous
faisons usage, nous désignons alors un concept nettement défini. C'est d'ailleurs ainsi que procède la confection d'un dictionnaire pour tous les noms concrets ou
abstraits, particuliers ou généraux.

On pourra demander comment certains phénomènes
simples ne se composant que d'une sensation, comme
la couleur bleue, par exemple, peuvent donner naissance à un concept. C'est ici sans doute le cas où, pour
se former à lui-même sa chose, l'esprit peut le moins
donner carrière à son activité; c'est le cas où la
construction du concept semble imposée avec le plus de
nécessité. Le *bleu* c'est purement et simplement la sensation qui s'offre à la conscience quand nous voyons tel
objet. Et pourtant, dans ce cas extrême d'une sensation
unique constituant un concept, on peut dire que l'esprit
intervient encore par le seul fait qu'il la distingue des
sensations concomitantes ou successives, qu'il l'isole
pour en faire une chose à laquelle il donne un nom.

Enfin, on objectera peut-être que le pouvoir de former des concepts définis a des limites et ne saurait
s'étendre à certaines notions premières qui servent de
base à toute science, et de condition peut-être à toute
pensée, comme l'espace et le temps, par exemple.
Quand nous énonçons une proposition contenant l'un
de ces termes, doute-t-on cependant qu'il corresponde
à une idée précise? Que cette idée se réduise à celle
d'un rapport de position, d'un ordre des coexistants
possibles, s'il s'agit de l'espace, des successifs possibles, s'il s'agit du temps, pourquoi ce rapport ne pourrait-il pas, comme tel autre élément de connaissance,
être choisi pour le contenu d'une notion? Si je dis:
l'espace est illimité, cela signifiera avec précision qu'il

n'y a pas de limite au pouvoir de mon esprit, de juxta-
poser des choses les unes à la suite des autres. Et, du
reste, est-ce que chacun n'a pas sa définition de l'espace ? Celle de Leibnitz ou celle de Kant ne sont pas
celle de M. Spencer, qui y voit une chose indépendante
de nous, et n'ont aucun rapport avec celle de Riemann
ou de Helmholtz, qui en font un cas particulier de la
multiplicité à trois éléments. Ce qui pourra être en
question dans toute dispute sur l'espace, c'est la supé-
riorité absolue de telle ou telle définition, mais non pas
la possibilité même d'en former une. — Le géomètre,
dira-t-on encore, ne pourra définir les premiers éléments, la ligne droite par exemple. Si l'on parle ainsi,
c'est par un retour inconscient à l'interprétation objective du langage. On veut dire que la définition de la
droite ne sera jamais objectivement complète. Mais du
point de vue où nous nous plaçons en ce moment, quand
il s'agit seulement d'un sens précis à donner à ces mots
ligne droite dans une proposition quelconque, quelle
difficulté particulière voit-on ? En quoi l'image de la
ligne droite, de quelque façon que l'expérience ait aidé
mon esprit à la former, ne peut-elle devenir l'objet de
mon attention aussi bien que tel autre phénomène ?
Est-il impossible d'observer les propriétés intuitives que
j'y peux trouver, et d'en choisir quelques-unes pour
fixer la définition de la droite ? Le géomètre ne procède
pas autrement. La connotation du concept qu'il se forme
de la droite est donnée par la liste de quelques postulats qu'il énonce avant toute chose. Ce qui peut cho-
quer ici, c'est, non pas l'impossibilité de dresser une
liste de propriétés qu'on *choisira* pour caractériser la
droite, mais bien le fait que la définition de la droite,
à l'aide de postulats, rappelle plutôt la méthode
des sciences d'observation que la méthode mathématique.

Bref, à l'interprétation objective de la signification des noms peut s'opposer, à tous les degrés de la pensée, l'explication du langage par concepts nettement définis. Il est clair qu'en un sens la signification des mots ne perd pas le caractère provisoire que lui donne la première interprétation, car elle dépend, pourrait-on dire, sinon d'une expérience nouvelle, d'une convention de l'esprit. Mais la différence essentielle, c'est que l'indétermination et le vague de la connotation ont fait place à la connaissance précise et certaine du contenu de la notion.

Et maintenant que nous avons essayé d'expliquer la distinction des deux points de vue objectif et subjectif, et que nous les avons opposés l'un à l'autre comme deux pôles contraires de la pensée, reconnaissons bien vite que ce n'est que théoriquement et pour plus de clarté que nous les avons isolés l'un de l'autre. Il est aisé de voir combien serait vain et illusoire l'effort intellectuel d'un esprit qui voudrait opter exclusivement pour l'un de ces deux modes de pensée.

D'une part, en effet, si nous voulons seulement comprendre notre langage, ce qui est bien peu exiger, nous ne pouvons pas ne pas voir dans les choses certaines propriétés, remarquées une fois pour toutes, et qui nous servent au moins à les reconnaître. Quel que soit le rapport objectif qui liera cet ensemble de propriétés à la chose dénommée, ce n'en est pas moins un substitut qui sert à la penser provisoirement. Ce substitut ne se confond pas dans l'esprit avec la chose même qui possède une foule innombrable d'attributs inconnus, soit ! Mais, lors même que le nom désigne un ensemble de propriétés dont les unes forment une liste dressée avec précision, et dont les autres sont inconnues, lors même que la connotation est déclarée être la somme d'un groupe déterminé d'attributs, A, et d'une synthèse inconnue, X, n'est-ce pas en fin de compte par une décision de celui qui parle que la signification du mot énoncé soit A + X ? X n'est pas connu, mais il ne désigne pourtant pas n'importe quoi ; c'est un ensemble de propriétés que nous sommes susceptibles de découvrir, à la suite d'observations futures, associées invariablement à quelques-unes de celles qui composent A. Il ne faudrait donc pas perdre de vue, même dans ce cas extrême, le rôle de l'esprit d'où résultera toujours, pour la signification du nom, un caractère subjectif.

Inversement, si nous essayons de ne voir sous les noms que des concepts au contour clairement limité, nous ne devons pas être victimes de l'illusion qui nous ferait jamais croire au succès complet de notre tentative. Lorsque, pour définir un être géométrique, par exemple, nous énonçons un nombre déterminé de propriétés, n'empruntons-nous pas chacune d'elles au champ des sensations ou images que fait défiler devant la conscience l'expérience externe ou l'intuition, et ne l'empruntons-nous pas alors telle qu'elle apparaît, telle qu'elle est donnée, avec sa complexité, avec son contenu, dont l'analyse nous échappe ? Le cercle, dira-t-on, est une ligne dont les points satisfont à telle condition de distance. — Mais qu'est-ce donc qu'une ligne ? A cette propriété, énoncée par un mot unique, peut correspondre une image familière à notre esprit ; mais, pour la séparer des autres et la prendre à part, de façon à en faire un élément de construction de quelque synthèse nouvelle, nous n'en sentons pas moins que nous transportons avec elle une chose non définie. On peut essayer de la construire elle-même, à l'aide d'éléments empruntés à d'autres images ou sensations, tels que le mouvement, la continuité ; mais, de quelque façon qu'on procède, nous pouvons répéter les mêmes re-

marques à propos des matériaux ultimes nécessairement
empruntés de toutes pièces à l'expérience ou à l'intuition,
et qu'on ne saurait réduire à des éléments plus simples.
D'une manière générale, la méthode suivie pour construire les définitions qui nous semblent les plus claires
et les plus nettes consiste à nommer un à un un nombre
déterminé d'attributs ; on ne voit pas toujours que
chacun d'eux, pour être clairement défini, soulèverait
les mêmes difficultés que n'importe quelle chose. — On
dira que le plus souvent ces attributs sont donnés
comme sensations simples, irréductibles, comme celles
du bleu, par exemple. Sans doute, mais appeler une
sensation irréductible, c'est justement déclarer qu'on
veut l'envisager du point de vue-objectif, de celui qui
nous met en présence d'une connotation non analysée,
non décomposée. De sorte que, si les éléments ultimes
de nos constructions sont reconnus irréductibles, il sera
manifeste que le concept formé échappe à notre claire
compréhension pour une part appréciable.

Qu'est-ce à dire enfin, sinon que la pensée ne saurait
jamais devenir ni exclusivement objective ni exclusivement subjective ? que ce sont là seulement deux
termes limites entre lesquels elle oscillera, n'atteignant
jamais ni l'un ni l'autre, mais seulement tendant, suivant les circonstances, à se rapprocher plus ou moins
de l'un ou de l'autre ?

De quoi dépend maintenant la direction de ce mouvement de la pensée ? On a vu d'abord, par les premiers
exemples qui nous ont servi à établir notre distinction,
puis par la gradation des différents ordres d'idées où
nous avons voulu introduire chacune des deux interprétations objective et subjective, que l'objet pensé ne
se prête pas avec la même aisance à l'une et à l'autre.
Le sens d'un mot se ressent, dans l'usage habituel, d'un
travail d'élaboration plus ou moins avancé, qui a servi

à le former : il est bien clair que des notions tirées du domaine mathématique, par exemple, ne sauraient se poser à notre esprit, comme objets donnés, à l'égal des corps physiques que nous avons sous les yeux. C'est par un effort réel de pensée que nous arriverons à saisir, à leur égard, l'élément donné qui autorisera l'interprétation objective; pour quelques-unes même, cela nous semblera impossible. Au contraire, le rôle conceptuel de l'esprit dans certaines sensations irréductibles de couleur ou d'odeur, par exemple, n'est-il pas fort difficile à définir? — Ainsi il paraît évident tout d'abord que, par elles-mêmes, les choses pensées comportent une signification plus ou moins subjective.

Qui ne voit, en outre, que la nature spéciale du sujet, sa tournure d'esprit, ses opinions préalables sur la part et le rôle de l'entendement dans le donné, pourront le prédisposer d'une façon générale à l'une ou à l'autre des deux tendances? Nous nous sommes volontiers reportés à St. Mill ou à Taine, pour faire mieux comprendre la tendance objective; pour l'autre, nous aurions pu citer Hamilton.

Mais au-dessus de ces deux sortes d'influences s'en trouve une capitale, qui n'est sans doute pas complètement étrangère à celles-là; c'est le rapport de la pensée avec le degré de certitude que l'esprit veut lui communiquer. Plus l'affirmation voudra être apodictique, plus celui qui parle voudra démontrer, plus il tendra, qu'il en ait ou non conscience, à donner une signification subjective aux termes de ses propositions. S'il souhaite d'atteindre ou de communiquer la certitude idéale, celle qui se placerait sous le contrôle du principe de contradiction, celle qui correspondrait dans nos esprits à l'affirmation que A n'est pas non-A, il s'efforcera de réaliser le cas extrême de la construction de concepts complètement intelligibles, supprimant le plus possible tout élément donné par l'expérience ou l'intuition, et réussissant d'ailleurs à faire naître la certitude logique, dans les limites où il réaliserait la pensée purement intelligible, c'est-à-dire où une branche infinie d'une courbe rencontrerait son asymptote.

Il n'est pas besoin d'insister sur ce que l'affirmation catégorique d'un fait exige d'abord que les termes de la proposition qui l'exprime aient une signification nette, claire, précise : cela n'est pas moins nécessaire pour que celui à qui l'on parle puisse être convaincu. Et si on se rappelle que l'interprétation objective ne permet de donner le sens des termes que d'une façon vague, indécise et instable, on n'aura pas de peine à comprendre que le désir d'affirmer et de convaincre appelle tout naturellement dans l'esprit le mode conceptuel. Mais serrons de plus près la question dans son rapport direct avec la contradiction ; et, nous transportant, par une fiction, à l'un des pôles extrêmes et inacessibles de la pensée, commençons par montrer l'impossibilité radicale qu'il y aurait, avec l'interprétation objective, à invoquer l'inconcevable contradictoire.

Soit A un nom quelconque, B celui d'un certain attribut. Comment concevoir qu'il puisse être contradictoire d'associer B aux attributs connotés par A ? Ceux-ci peuvent se partager en deux groupes : l'un comprend ceux que je suis capable d'énoncer, et qui jusqu'ici m'apparaissent comme entrant dans la connotation de A ; l'autre est une synthèse d'éléments qui me sont absolument inconnus. Ce n'est certes pas de l'un de ces derniers que je peux accuser B d'être le négatif ; et, quant aux premiers, leur présence dans la connotation de A ne cesse d'impliquer un doute : l'agrégat tout relatif et tout provisoire qu'ils forment est prêt à se corriger à la première occasion. Si l'un d'eux, α, par exemple, est non-B, et que l'expérience nous montre quelque A qui soit B, nous apprendrons par là que α n'entrait pas, comme nous l'avions cru, dans la connotation de A : il doit en être rayé, et il n'y aura plus dès lors aucune contradiction à l'union de A et de B. On n'avait vu que des cygnes blancs avant la découverte de l'Australie, et la blancheur pouvait entrer dans la connotation du cygne ; eût-on été fondé à dire : il est contradictoire qu'un cygne soit noir ? — Il s'agit là, il est vrai, d'une expérience grossière s'attachant à des qualités extérieures qui peuvent facilement n'être qu'accidentelles. Mais, qu'il s'agisse de ces relations plus essentielles, semble-t-il, que le savant dégage des systèmes complexes de la nature : quand des expériences scientifiques, en nombre suffisant, dirigées avec toutes les précautions désirables, et suivant les lois les plus rigoureuses de la méthode inductive, ont conduit à énoncer un rapport général entre deux faits, il semble qu'on pourra déclarer contradictoire un phénomène quelconque en désaccord avec la loi énoncée ; ce serait aussi dépourvu de sens que dans le cas du cygne blanc.

Passe encore, dira-t-on, pour les inductions auxquelles conduisent les sciences expérimentales. Mais, quelle que soit la position qu'on prenne à l'égard de la signification des noms, comment peut-on, à l'exemple de St. Mill, ne pas mettre sur le compte du contradictoire l'inconcevabilité de l'objet tout blanc et en même temps tout noir, du carré rond, du fait que 2 et 2 font 5 ?

Si nous sommes choqués dans nos habitudes intellectuelles par l'opinion de St. Mill à l'égard de ces exemples, c'est que nous avons précisément coutume d'entendre ici, au sens subjectif, les termes des propositions. Qu'on s'éloigne de cette attitude par un effort suffisant de la pensée, et on trouvera les conclusions de Mill absolument naturelles.

Dire d'un objet qu'il est tout noir, c'est déclarer qu'il produit sur nous une certaine sensation ; dire qu'il est tout blanc, c'est déclarer qu'il en produit une certaine autre : en quoi la simultanéité de deux impressions pourrait-elle être contradictoire ? — C'est sous le même rapport, direz-vous, que le même objet serait en même temps quelque chose et autre ! — Qu'entendez-vous, je vous prie, par ces mots : sous le même rapport ? Voulez-vous dire ici : sous le rapport de la couleur ? Mais vous savez bien que le même objet peut, sous ce rapport, produire simultanément plusieurs impressions, et, si nous ne le savions pas d'ailleurs, c'est que nous ne l'aurions jamais observé ; ce serait dans l'ordre de l'*incroyable* et non du contradictoire.

— Halte-là ! direz-vous encore. Quand je déclare qu'un objet ne peut être sous le même rapport quelque chose et autre en même temps, par ces mots : « sous un même rapport » j'envisage l'objet sous un tel aspect qu'il y correspond *une impression unique* et non pas, par conséquent, deux simultanées. — Soit ! Mais alors cette proposition : « un objet ne peut être sous le même rapport quelque chose et autre », énonce purement et simplement la définition spéciale que vous adoptez pour les mots « sous le même rapport », et il reste à montrer, dans l'exemple qui nous occupe, que ces mots sont vraiment à leur place ; ou, en d'autres termes, à montrer justement ce qui est en question, à savoir que le même objet ne peut être, à la fois, tout noir et tout blanc. — Vous insistez et déclarez que l'attribut *tout noir* implique que l'objet donne *une seule* impression de couleur, que *tout blanc* implique de même qu'il en donne *une seule* autre, et que *deux ensemble* est contradictoire avec *un seul*, ou, si on veut, que deux est négatif de un. — Prenez garde, vous oubliez quelle attitude nous sommes convenus de prendre à l'égard de la signification des termes ; il faut recourir uniquement au registre des faits de conscience, et non point à des définitions posées par nous. Ce registre nous offre, entre autres, des sensations toujours isolées, en effet, que nous nommons *tout noir, tout blanc, tout rouge*, etc. Nous n'y trouvons pas de sensations qui se composent simultanément de deux de celles-là ; voilà le fait. De même, nous connaissons les sensations marquées par les mots : *un, deux, trois*, etc., et nous ne les connaissons qu'isolées ; jamais l'expérience ni l'intuition ne nous ont montré quelque chose qui fût *deux*, en même temps qu'*un* ou *trois*. On peut bien dire que cela n'a pas de sens pour nous, en tant que cela ne correspond à aucune sensation connue, comme on dirait qu'un qualificatif d'odeur n'a aucun sens non plus pour un animal dépourvu d'odorat ; mais on n'est certainement pas autorisé à reconnaître le contradictoire dans l'inconcevabilité d'une chose simplement inconnue.

Qu'on lise, à propos de l'inconcevabilité du fait, que deux et deux puissent faire cinq, cette citation empruntée par St. Mill à un auteur dont il partage évidemment les vues : « Considérez le cas que voici : Il y a un monde où toutes les fois que deux couples de choses sont placées à proximité l'une de l'autre ou examinées ensemble, une cinquième chose est immédiatement créée et amenée sous l'examen de l'esprit au moment où il unit deux à deux. Assurément, ce n'est pas inconcevable, car nous pouvons en concevoir le résultat, en pensant aux levées des jeux de cartes. On ne peut dire davantage que cela dépasse le pouvoir de la Toute-Puissance. Eh bien ! dans ce monde assurément deux et deux feraient cinq, c'est-à-dire que le résultat auquel arriverait l'esprit en considérant deux fois deux serait de compter cinq. On voit par là qu'il n'est pas inconcevable que

deux et deux puissent faire cinq ; mais, d'autre part, il
est très aisé de voir pourquoi dans ce monde nous
sommes tout à fait certains que deux et deux font
quatre. Il n'y a probablement pas un moment dans la
vie où nous n'en fassions l'expérience. Nous le voyons
toutes les fois que nous comptons quatre livres, quatre
tables, quatre chaises, quatre hommes dans la rue, ou
les quatre coins d'un pavé, et nous en sommes plus
sûrs que nous ne le sommes de voir le soleil se lever
demain, parce que notre expérience de ce sujet s'applique à une quantité inconcevable de cas (1). »

Il n'y aurait qu'une manière de réfuter ces assertions, ce serait d'invoquer les définitions de deux, de
trois et de quatre, — définitions posées par nous et indé-
pendantes de toute expérience nouvelle. Mais ce serait
alors revenir au point de vue subjectif que nous supposons exclu pour le moment. Quatre est un attribut
d'une collection qui se traduit par une certaine impression sur nous, sous le rapport de la couleur. Deux et
deux font quatre, cela exprime que, toutes les fois que
deux couples sont associées, elles fournissent une collection de quatre objets : exactement comme le vert et
le rouge associés dans certaines conditions donnent du
blanc.

S'agit-il encore du rond carré, ce fameux exemple, à
propos duquel nous avons tous eu une tendance à traiter de folie le refus de St. Mill de voir là contradiction,
nous n'hésitons pas à trouver son attitude parfaitement
explicable. On objectera que, sans prendre position à
l'égard de la signification des termes, on veut sortir
cependant du domaine concret pour parler de choses
géométriques. Que l'expérience ait plus ou moins aidé
à la formation des images géométriques, elles n'en

---

(1) *Philosophie de Hamilton*, tr. Cazelles, p. 83.

existent pas moins, dira-t-on, à l'état abstrait dans notre
intuition. Or l'image correspondant au terme *rond*
exclut de la façon la plus absolue l'image que désigne
le mot *carré*. — C'est juste, mais de quelle nature est
cette exclusion? Quand notre esprit se pose en face des
choses que lui offre la conscience, il peut être utile,
sous divers rapports, de faire certaines distinctions,
par exemple de séparer le concret de l'abstrait, de séparer les données directes de l'observation externe et
les images formées une fois pour toutes dans l'intuition. Mais ici, quand il s'agit de savoir si, oui ou non,
deux attributs sont contradictoires, que viendrait faire
semblable distinction ? Pourquoi l'impossibilité de réaliser, dans l'intuition, la simultanéité de deux images
devrait-elle prendre une signification plus haute que
l'impossibilité de n'importe quelle sensation inconnue?
— Le rond et le carré reçoivent bien en géométrie des
définitions précises, mais il nous est interdit d'y faire
appel, sous peine de céder à la tendance subjective.

Enfin ces divers exemples où, pour rester fidèle à
notre attitude, nous refusons d'accepter les définitions
arithmétiques ou géométriques, vont provoquer une
dernière objection : Avons-nous le droit de méconnaître
le caractère des sciences mathématiques au point d'y
conserver le point de vue objectif? — A cela nous répondrons dans un chapitre ultérieur. Pour le moment,
contentons-nous de déclarer que nous ne voyons pas
de restriction à l'impossibilité radicale de parler de
contradiction, tant qu'on maintient au langage sa signification objective.

St. Mill a pourtant fait une exception, en mettant à
part cette proposition qu'une chose soit en même temps
A et non-A. Ce cas extrême est celui où le logicien an-
glais consent à reconnaître le contradictoire. — Certes,
il n'y a pas lieu de s'étonner du nom spécial de contra-

dictoire donné à ce cas d'inconcevabilité. Il faut bien
de toutes façons que les mots aient un sens. Celui de
contradictoire sera précisément de s'appliquer à la
proposition précédente, sans quoi il n'en aurait aucun.
Mais, cette réserve faite, St. Mill ne nous semble pas
conséquent avec l'attitude qu'il a prise, en demandant
une explication spéciale pour cette sorte d'inconcevable.
Qu'il lui donne un nom particulier, c'est son droit,
mais pourquoi ne pas le faire rentrer dans la catégorie
générale des cas où la proposition rejetée par nous
énonce simplement une chose manquant au registre
auquel nous empruntons nos idées ? St. Mill sent le
besoin de déclarer, à propos de cette proposition : « un
homme ne peut être à la fois vivant et non vivant »,
qu'elle n'a aucun sens ; c'est, pour lui, ce qui la distingue d'autres cas d'inconcevable, comme rond,
carré, etc. Tel n'est pas notre avis, et nous craignons
que notre logicien, qui n'avait pas reculé devant les
conséquences les plus effrayantes de sa manière d'entendre le langage, ne se soit laissé intimider par la nécessité de faire un dernier pas bien insignifiant. Si, en
disant qu'une chose ne peut être à la fois carrée et
ronde, nous nous fondons sur l'incompatibilité, prou-
vée par toute notre expérience, de deux sensations particulières, n'en est-il pas de même quand nous disons
qu'un homme n'est pas en même temps vivant et non
vivant ? Avons-nous donc ici particulièrement l'impression que nous articulons des mots vides de sens ?
En niant la négative, en rejetant la proposition contradictoire, n'avons-nous pas conscience de rejeter quelque
chose de faux ? Une proposition dépourvue de sens ne
saurait être niée par nous, ni affirmée, elle appellerait
de notre part une simple abstention de juger. Mais, en
présence de cette monstruosité énoncée devant nous
qu'un homme serait vivant et non vivant, que sommes-

nous tentés de crier? est-ce : Je ne comprends pas?
N'est-ce pas bien plutôt: Cela est faux, cela n'est pas
possible! Nous nous trouvons même là dans le cas où
le droit de nier nous apparaît comme le plus incontestable, le plus absolu. Eh bien donc, l'exception concé-
dée par St. Mill ne nous semble pas justifiée. L'attribut A, d'une part, l'attribut non-A, d'autre part, étant
des sensations ou synthèses de sensations qui s'offrent
à nous dans le registre des phénomènes connus, l'impossibilité de les unir sera de tous points comparable
à l'impossibilité d'unir le tout blanc et le tout noir, ou
tels autres attributs que notre expérience de tous les
instants nous montre séparés. — J'entends bien l'objection: les mots « non-A » désignent dans l'esprit de
St. Mill non pas un attribut indépendant de l'attribut A,
trouvant sa place quelque part ailleurs dans la liste des
sensations passées, et pour lequel il y ait lieu de chercher dans cette liste s'il ne se trouve jamais uni à A ;
c'est un attribut qui *consiste en le négatif de A* ; qui,
A étant posé, se définit non plus par telle ou telle sensation spéciale, mais par sa propriété d'être absent là où
A est présent. — A la bonne heure! Mais alors l'affirmation que la même chose ne peut être en même temps
A et non-A devient une tautologie ; elle est légitime et
d'une vérité absolue *en vertu de la définition de non-A*.
Et c'est enfin là un point capable d'apporter un éclair-
cissement très net à notre thèse. Voilà St. Mill pris
une fois, et une seule fois, en flagrant délit d'hésiter
devant la nécessité simplement expérimentale (celle
qui relève en somme de l'*incroyable*) de rejeter un cas
d'inconcevabilité. Il n'ose pas déclarer, quoiqu'il le
sente confusément, qu'il s'agit d'une fausseté absolue,
prenant un caractère particulièrement manifeste, nécessaire ; il se retranche derrière l'impossibilité de voir
clairement ce qu'il en est, invoque l'absence de signifi-

cation de la proposition inconcevable: que se passe-t-il
en réalité, qu'est-ce qui cause ce trouble dans son esprit? N'en doutez pas, le terrible logicien s'est laissé
inconsciemment glisser pour une fois du point de vue
objectif, d'où il voulait obstinément interpréter le sens
de tous les termes, vers le point de vue subjectif.

En résumé, si l'on s'abstient de toutes définitions en
dehors de celles qui se laissent imposer par les représentations empruntées directement et de toutes pièces
au champ de la conscience, il est impossible de rencontrer jamais d'autres cas d'inconcevabilité que ceux
qu'explique l'absence pure et simple, dans cette sorte
de registre, de la chose inconcevable.

Aussitôt qu'on sentira le besoin de placer une vérité
sous un contrôle plus élevé, si on veut affirmer qu'il
s'agit non pas seulement d'une vérité toujours consta-
tée, mais encore qui ne peut pas ne pas l'être; bref!
dès qu'on souhaitera d'appuyer son dire sur une démonstration logique, il faudra alors de toute nécessité
changer d'attitude, et s'efforcer de créer des définitions.
Ce ne sera peut-être pas toujours conscient: nous venons d'en voir un exemple dans Mill. En voici un autre
que le lecteur vérifiera quand il voudra. Dites à un
physicien que vous avez trouvé de l'ammoniaque non
soluble dans l'eau. Il vous affirmera que c'est faux, et
il apportera à ses dénégations la même vivacité que
s'il s'agissait de réfuter l'existence de l'homme vivant
et non vivant. Quelle est la raison de cette sûreté de
ton? Le nombre, ou mieux la nature des expériences
faites? Il y a là évidemment de quoi produire dans l'esprit du physicien une croyance ferme, comparable à la
certitude où nous sommes de voir le soleil se lever demain. Mais enfin ici même le choc de la terre et d'un
autre corps céleste pourrait déjouer nos prévisions, et
nous l'admettons fort bien: le physicien, lui, n'accep-

tera aucune restriction semblable : cataclysme, boule-
versement général, rien ne pourrait à ses yeux donner
naissance à de l'ammoniaque qui ne serait pas soluble
dans l'eau. Et pourquoi au fond ? Il le dira lui-même en
répondant tranquillement : « l'ammoniaque qui ne
serait pas soluble dans l'eau ne serait plus de l'ammoniaque. » La solubilité dans l'eau entre, pour lui, dans
la *définition* qu'il s'est faite de ce gaz, et c'est en vertu
de cette définition, que, quelles que soient les conditions de l'expérience future, l'ammoniaque non soluble
réaliserait à ses yeux le contradictoire.

En laissant de côté ces cas trop simples où les définitions adoptées ramènent immédiatement une proposition à une tautologie, et sa négation à une contradiction, on comprend que, d'une manière générale, les notions construites par l'esprit autorisant une analyse, un
décompte des attributs qu'elles connotent, la question
de savoir si l'union de deux termes implique contradiction peut tout au moins se poser, puisqu'il suffit, pour y
répondre, de voir si le négatif de A n'est justement pas
donné parmi les attributs de B qu'on lui associe dans
une même proposition. — Certes, ce dernier problème
n'est pas en général aussi facile qu'on pourrait croire.
Nous avons dit, en effet, que quelques précautions que
nous prenions pour réduire la part d'inconnu, dans la
construction de nos concepts, il nous faut bien emprunter, en fin de compte, au domaine des images et des
sensations les éléments ultimes. Il nous faut bien, par
conséquent, apporter des matériaux irréductibles, tels
qu'ils s'offrent à nous, avec la nature concrète, inintelligible qu'ils ont dans leur représentation. Comment
alors jamais affirmer, à cause de cette part qui échappe
à notre esprit, que tels ou tels attributs sont compa-
tibles, que tels autres sont contradictoires ? Mais, cette
réserve faite, nous pouvons réduire assez sérieusement

les données de l'intuition ou des sens, qui deviendront les éléments de nos constructions, pour pouvoir énoncer des propositions, et bâtir des raisonnements, où, si nous n'atteignons pas le contrôle idéal de la contradiction pure, nous nous en sentons du moins fort approchés. C'est ainsi, par exemple, qu'en définissant le cercle « le lieu des points situés à une distance constante d'un point fixe » et le carré « une certaine figure formée de quatre droites », on peut dire, pour rejeter le cercle carré : sur une droite, il n'existe pas plus de deux points situés à une distance donnée d'un point donné ; sur quatre droites il n'en existe pas plus de huit, et en dehors de ceux-là, aucun point des côtés du carré n'appartiendra au cercle. C'est ainsi encore que pour montrer la contradiction qu'il y aurait à ce que deux et deux fissent cinq, il suffit de dire : Deux et deux c'est deux et un (ou trois) plus un, c'est-à-dire quatre ; ce n'est donc pas cinq. Et ainsi de suite.

L'introduction des concepts définis, à signification claire et précise, permet donc seule, et permet dans des limites plus ou moins étendues, de poursuivre, sinon d'atteindre d'une façon adéquate, l'inconcevable contradictoire. Telle est la première conclusion que nous avions en vue et que nous nous étions proposé de justifier.

Reste enfin une question décisive à traiter : s'il nous arrive dans les conditions que nous avons indiquées de reconnaître une proposition contradictoire, de quelle nature et de quelle importance sera le renseignement ainsi acquis pour notre connaissance? Nous saurons que les concepts, tels que nous les avions formés, sont incompatibles ; qu'en essayant de les associer, nous tentions l'impossible ; nous faisions de la mauvaise besogne. Les êtres intellectuels que notre pensée a enfantés, ne peuvent, sauf correction de l'un d'eux au moins, se trouver simultanément en présence dans notre esprit. Ce que nous avons appris, c'est donc quelque chose de nous-mêmes.

— Fort bien, dira-t-on, mais ce qui est contradictoire pour notre pensée ne peut être conçu comme possible ; nous saurons donc que les concepts jugés incompatibles ne se trouveront jamais réalisés en même temps dans un même objet, et, par là, une éclaircie apparaît aussitôt sur les choses elles-mêmes.

Qu'entendra-t-on d'abord par cette *réalisation* possible ou impossible ?

Si le réel désignait les noumènes, les choses en soi, que pourraient bien être des concepts réalisés ? Le rapprochement des deux mots constituerait à nos yeux la chose la plus incompréhensible qui pût nous être proposée. — Mais, après tout, faisons abstraction de cette inconcevabilité. Soient A et B deux concepts contradictoires ; supposons qu'aucun attribut de A ou B ne soit incompatible avec cet attribut nouveau, mystérieux, incompréhensible, qui est l'existence nouménale ; supposons, en d'autres termes, que ce dernier attribut puisse s'ajouter à ceux qui, de part et d'autre, formaient les synthèses A et B, sans qu'il soit nécessaire de rien retrancher à celles-ci ; il est clair que les nouveaux concepts résultant de cette addition. A' et B', s'excluront comme les premiers, puisque, par hypothèse, les éléments qui ne pouvaient être associés n'ont pas eu à disparaître. Dès lors, pourquoi ne concéderions-nous pas que deux concepts contradictoires ne peuvent se trouver *réalisés* simultanément dans le même objet ? Mais qu'y gagnera-t-on ? Sommes-nous en droit de dire qu'une hypothèse particulière sur le réel devant être rejetée, le nombre des hypothèses possibles se trouve restreint, et qu'enfin, au cas où l'on n'en concevrait que

2.

deux, le rejet de la première entraîne la nécessité de l'autre ?

Si à cette question : Où est M. X..., vous répondez : Il n'est pas à Paris, si grande que soit la surface du globe, quand on en retranche Paris, vous donnez certainement une information véritable. Mais, si vous répondez : Il n'est pas dans la Lune, vous n'apprenez rien à celui qui interroge. De même, quand, après avoir reconnu la contradiction de deux concepts, on déclare qu'ils ne se trouvent pas associés dans les choses, on rejette l'hypothèse que le réel contiendrait ensemble deux idées de l'esprit ; on supprime, parmi les choses possibles, dans le domaine du réel, la présence simultanée de deux êtres qui, par leur nature, appartiennent à un autre, à celui de la conscience. En vérité, il est difficile de voir notre connaissance du réel faire un pas en avant par cette exclusion. Quant au cas particulier où, une fois niée la présence simultanée de deux concepts dans les choses, nous ne pourrions concevoir qu'une seule autre hypothèse possible, il faut avouer que cela serait au-dessus de tout ce que le dogmatisme le plus exalté pourrait nous suggérer.

Mais, objectera-t-on, s'il est permis de dire, avec l'intention de viser le réel, A n'est pas B, n'a-t-on pas le droit d'en tirer cette affirmation très positive : A est non-B ? — Halte-là ! cette façon de parler suppose avant tout qu'il y a un A réalisé ; or quel sens cela peut-il avoir ? Tant qu'on se borne à énoncer : A et B ne peuvent être simultanément réalisés, nous laissons passer cette information qui n'implique rien de positif. Mais, dès qu'on la transforme de façon à sous-entendre la certitude où l'on est que A est caché dans le noumène, elle tombe dans un ordre d'idées qui échappe à notre discussion logique. Et il nous semble difficile de ne pas approuver, quand il s'agit d'appliquer aux noumènes le principe de l'alternative, ces réflexions de St. Mill : « L'univers doit, dit-on, être fini ou infini. Mais que signifient ces mots ? Qu'il doit avoir une grandeur infinie ou finie. Certainement, il faut que les grandeurs soient finies ou infinies ; mais, avant d'affirmer la même chose du noumène Univers, il faut établir que l'Univers, tel qu'il est en lui-même, est capable de l'attribut grandeur. Comment savons-nous si l'attribut grandeur n'est pas exclusivement une propriété de nos sensations, des états subjectifs que les objets produisent en nous ? Ou, si on l'aime mieux, comment savons-nous que la grandeur n'est pas, ainsi que Kant le croyait, une forme de nos esprits, un attribut dont les lois de la pensée revêtent toutes nos conceptions, mais auquel peut-être il n'y a rien d'analogue dans le noumène, la chose en soi ? »

Mais le réel s'entend aussi, et plus généralement aujourd'hui, dans un autre sens. Nombre de penseurs veulent désigner par là « les phénomènes ». Examinons donc la question de leur point de vue, et revenons à cette affirmation que deux cas contradictoires ne se trouvent jamais réalisés ensemble. Il nous semble impossible d'y voir autre chose que la déclaration suivante : jamais il n'arrivera qu'à l'occasion d'un même objet, d'une même synthèse de phénomènes, la conscience trouve réunies en elle-même les représentations de deux concepts contradictoires. Ce que nous avons jugé, à priori, pour ainsi dire, se trouvera vérifié par l'expérience. Celle-ci ne nous obligera jamais à revenir sur notre première affirmation, que telles représentations ne peuvent se trouver ensemble dans notre pensée. — Sous cette nouvelle forme, le jugement porté sur les concepts est-il plus instructif ? Si, après avoir dit : mon esprit est incapable d'avoir la représentation d'un cercle carré, j'ajoute : jamais dans son fonctionnement naturel, au cours de l'expérience, rien ne viendra la lui suggérer, on ne voit pas quelle information nouvelle j'apporte ainsi. En tout cas, on voit bien que l'information ne vise que le fonctionnement de l'esprit lui-même.

— Peu importe, nous dira-t-on, que les attributs d'une chose soient ou non des concepts de notre esprit; si un objet possède certain attribut déterminé, en affirmant qu'il ne possède pas tel autre, jugé contradictoire avec le premier, j'énonce un fait nouveau, et cette énonciation peut être positive, car, dire qu'une chose n'est pas B, c'est affirmer qu'elle est non-B, et, dans certains cas, non-B est un attribut connu avec autant de précision que B.

Portons toute notre attention sur l'hypothèse qu'implique cette manière de voir. On admet comme certain ce fait qu'une chose possède un attribut déterminé.

Nous ne pouvons ici opposer, comme à propos des choses en soi, l'impossibilité radicale fondée sur la différence de nature de la chose et de l'attribut. Mais au nom de quelle nécessité imposera-t-on tel attribut à tel concept ? Certes, à propos d'un objet isolé, si j'énonce une propriété que je perçois directement, si, par exemple, je dis que ce papier est blanc, je nomme un attribut certain de l'objet. Dans le concept que je me forme de ce papier, je ne peux pas ne pas introduire cet attribut, et il est clair qu'en pareil cas, je peux exclure tout attribut contradictoire : j'affirmerai, par exemple, que ce papier n'est pas noir. Mais c'est qu'ici le principe de contradiction, qui sert de guide à la pensée, s'appuie sur une affirmation positive que fournit une expérience directe. Si le principe de contradiction appliqué au réel ne devait aboutir qu'à des informations de ce genre, ce ne serait pas pour si peu qu'on songerait à disputer sur son utilité. La vérité est que, lorsqu'on y trouve une arme efficace pour la raison, on veut

voir, tout en ne sortant pas du monde des phénomènes,
au delà des phénomènes observables, ou, tout au moins,
au delà des phénomènes individuels et particuliers ;
nous avons le droit de demander alors au nom de quelle
vérité logiquement incontestable on nous imposera jamais un attribut déterminé pour la formation du concept ?

Invoquera-t-on l'expérience ? Elle n'apporte de certitude que sur les faits observés. Jamais, en dépit de la
fréquence des observations et du contrôle le plus rigoureux, elle ne saurait nous donner le droit de nier un
fait nouveau, quel qu'il soit, au nom d'une impossibilité
formelle, d'une impossibilité de contradiction. Sous la
garantie de l'expérience, il n'y a de formule rigoureusement exacte pour nous que celle qui résume les
observations passées. Lorsque dix, cent, mille observations particulières permettent de représenter leurs
résultats par autant de points d'une courbe, dont le géomètre pourra connaître tous les autres points, ainsi que
toutes les propriétés, rien ne peut permettre d'affirmer
avec une certitude absolue qu'un seul autre point de
la courbe correspondra à une expérience nouvelle. Si
inconcevable donc que puisse être un concept A privé
d'un attribut B, si c'est au nom de l'expérience qu'on
affirme la nécessité de B dans A, on confond le contradictoire avec l'incroyable.

Mais, en dehors de l'expérience, externe ou interne,
que reste-t-il qu'on puisse invoquer ? — Ferait-on appel
à des lois immuables de notre esprit qui lient les phénomènes entre eux par des relations constantes, en les
faisant tomber sous les catégories ? Il faudrait d'abord
prouver, pour échapper à notre critique, que ces lois
diffèrent essentiellement des lois d'induction, et cette
démonstration est impossible. Mais admettons qu'elles
aient de plus, comme le voulait Kant, un caractère

apriorique, d'où leur vienne leur universalité et leur nécessité ; cela prouve seulement que le fonctionnement
de l'esprit et sa propre nature sont inséparables de certains rapports entre les choses, et, en supprimant un
quelconque de ces rapports, nous nous heurtons à ce
que M. Renouvier a appelé « l'incompréhensible » pour
le distinguer du contradictoire. Si ce n'est plus l'incroyable, c'est donc maintenant l'incompréhensible,
avec lequel on voudrait nous faire confondre le contradictoire.

Enfin, peut-on nous imposer un attribut pour un concept, au nom d'une exigence primordiale de l'entendement ? Peut-on nous dire : « A est nécessairement B,
parce que, s'il ne l'était pas, nous penserions l'inintelligible ? » — Nous ne saurions l'accepter, A et B désignent, ne l'oublions pas, des concepts construits par
l'esprit, et par conséquent séparément intelligibles,
dans les limites où les concepts peuvent l'être. Comment voudriez-vous alors que cette proposition « A
n'est pas B » fût inintelligible, ne pût être pensée, —
si, bien entendu, A et non-B ne se détruisent pas
comme contradictoires dans les termes, ce qui revient
à dire : si cette proposition n'équivaut pas à « A n'est
pas A » ? Le doute n'est pas possible sur ce point.
N'admettez-vous pas que ce premier jugement : « A est
B », celui que vous déclarez nécessaire, a un sens précis pour l'entendement ? Et cela n'implique-t-il pas de
la façon la plus évidente que les termes A et B séparément ont un sens défini ? Comment donc prétendre que
A seul, sans B, ne pourrait se penser ? Prenez garde
d'être victime d'une illusion qui vous fait prendre pour
une nécessité logique ce qui n'est qu'un postulat. Vous
l'affirmez au nom d'une croyance qu'expliquent vos
habitudes intellectuelles, vos opinions, l'impossibilité ou
même la difficulté d'imaginer, de vous représenter le

contraire, — peut-être quelque acte inconscient de votre volonté, — mais qui, en tout cas, ne se justifie pas par une contradiction. Descartes aurait-il imaginé, la première fois qu'il prononça son fameux *Cogito, ergo sum*, qu'une contestation dût s'élever au nom de la Logique ? Pouvait-il ne pas croire que l'existence d'un substratum est impliquée dans tout phénomène de pensée, au point que celui-ci devienne insaisissable à l'entendement, inintelligible, dès qu'on en sépare le substratum ? Le simple fait de conscience, considéré en lui-même, ne suffit-il pas cependant à former pour l'esprit quelque chose de clair ? C'est une croyance inébranlable, et nullement la nécessité à laquelle nous acculerait l'inintelligible, qui oblige Descartes à postuler l'existence du moi substantiel.

En résumé, le seul cas où le principe de contradiction pourrait nous apporter sur les choses une information dépassant l'expérience, celui où il serait permis d'affirmer à priori que B appartient nécessairement à A, ne se réalisera jamais. Une pareille affirmation, si inconcevable que soit la négative, ne reposera jamais sur le fond d'une impossibilité logique. Quiconque se croira le droit de la formuler ne pourra puiser ce droit que dans une hypothèse à priori, dans un postulat plus ou moins explicitement posé, dans quelque vue métaphysique, dans quelque système adopté une fois pour toutes, et ce n'est que par une illusion qui devra pouvoir être dénoncée, que les conséquences de cette affirmation seront présentées au nom des exigences logiques de la pensée, c'est-à-dire au nom du principe de contradiction.

Nous avons donc le droit de conclure :

S'il ne s'appuie pas sur l'observation directe de quelque fait particulier, ou sur quelque hypothèse à priori, depuis celle que légitime une induction dépas-

sant les faits observés, jusqu'aux vues métaphysiques
qui posent, une fois pour toutes, certaine matière, —
le principe de contradiction n'autorise jamais aucune
affirmation positive portant sur les choses. Ce n'est pas
seulement le monde des noumènes qui échappe ainsi à
l'esprit, armé de ce seul principe, c'est encore tout phénomène inobservable ou même inobservé.

DEUXIÈME PARTIE

CONDITIONS DE LA CERTITUDE LOGIQUE EN MATHÉMATIQUES

Nous avons essayé d'établir qu'en dehors du domaine de l'observation nous sommes incapables d'affirmer, au nom du principe de contradiction, une vérité dont l'objet ne soit pas une fiction de notre esprit. Or il est un ordre d'idées spécial, jouant un rôle de plus en plus important dans la science générale, où chaque proposition nouvelle s'énonce et se démontre, semble-t-il, uniquement sous le contrôle du principe de contradiction. Les mathématiques, dont nous voulons parler, viennent-elles par leur seule existence et par leurs progrès constants dénoncer l'erreur de notre thèse ? — Car si, d'une part, elles ne procèdent que par déductions logiques, condition nécessaire à cet idéal de rigueur qui semble caractériser leurs démonstrations, et si, d'autre part, elles pénètrent chaque jour plus avant dans tous les domaines de la connaissance, au point que le rêve de Descartes semble proche de se réaliser, et la science en voie de devenir une mathématique universelle, comment croire qu'en dehors du domaine de l'observation et de l'expérience l'esprit soit incapable de parvenir à quelque vérité d'une certitude rationnelle ?

Nous allons tâcher de montrer que la rigueur absolue dont les sciences mathématiques nous donnent l'impression appartient à une mathématique idéale dont elles participent plus ou moins, à une sorte de logique pure, qui se trouve au fond de tous leurs raisonnements, tout en étant distincte de ce qui fait leur objet. Ce qui la caractérise avant tout, c'est de n'admettre, dans le champ où elle s'exerce, que des créations de l'esprit ; de sorte que, pour s'en rapprocher, les mathématiques perdent en objectivité ce qu'elles gagnent en rigueur ; qu'il leur faut renoncer à cette prétention d'accroître notre connaissance du réel par une série de démonstrations purement logiques, et qu'alors leur exemple, loin d'affaiblir notre thèse, lui apporte, au contraire, une éclatante confirmation.

Nous envisagerons d'abord ce qu'on est convenu d'appeler les mathématiques pures, et, cherchant les conditions de leur rigueur logique, nous les verrons se présenter sous un double aspect, fictif ou concret, suivant qu'elles veulent être plus ou moins rigoureuses. — portant ensuite notre attention sur les applications des mathématiques au monde physique, nous reconnaîtrons qu'elles ne sortent pas, dans leurs démonstrations, du domaine de la fiction, et que, vis-à-vis du réel, elles ne cessent jamais de jouer le rôle d'une langue bien faite.

CHAPITRE PREMIER

MATHÉMATIQUES PURES

Il faut distinguer, quand on parle de l'évidence mathématique, deux sens différents dans lesquels on entend ces mots. Il s'agit ou bien de l'intuition immédiate
qui nous fait apercevoir la vérité de certaines propositions, ou bien de la rigueur des déductions qu'impliquent les raisonnements mathématiques. En d'autres
termes, on a en vue ou bien les axiomes, les vérités
premières et fondamentales, — ou bien la longue
chaîne de propositions qui semble s'en déduire.

Portons d'abord notre attention sur les axiomes. Des
propositions comme celles-ci : Deux droites ne peuvent
envelopper une portion d'espace ; — par un point, on
ne peut mener qu'une seule parallèle à une droite,
— etc., entraînent dans notre esprit une conviction
absolue. Les faits qu'elles énoncent nous apparaissent
avec une clarté et une certitude que rien ne semble pouvoir dépasser. C'est en somme dans les vérités de ce
genre que Descartes plaçait le type de l'évidence la plus
manifeste. Et c'est aussi l'universalité et la nécessité
que semblent comporter de pareilles propositions qui
ont donné lieu à la fameuse question de leur origine.
Peu nous importe ici que cette origine soit expérimentale ou apriorique, que, de Kant ou de Mill, l'un ou
l'autre ait raison. Un seul point nous intéresse : l'évidence des axiomes vient-elle du caractère *contradictoire* de leurs négatives ? La nécessité qu'ils comportent
est-elle la nécessité logique, celle qui se réclame du

principe de contradiction ? En vérité, la réponse ne saurait être douteuse : Les propositions qui servent de point de départ aux démonstrations mathématiques ne peuvent se démontrer, sans quoi le vrai point de départ se trouverait dans les prémisses de leur démonstration; et c'est à ces prémisses qu'appartiendrait la qualité d'axiomes. Elles n'impliquent donc nullement une nécessité logique; leur conclusion ne se trouve pas dans l'analyse du sujet.

Et quoi, dira-t-on avec M. Renouvier, par exemple, n'est-il pas contradictoire que deux lignes droites enveloppent un espace ? — Contradictoire avec quoi ? Avec le fait que ce sont des lignes droites ? mais en quoi consiste ce fait ? Que, suivant l'école critique, mon esprit soit doué du pouvoir de se former lui-même à priori l'intuition de la ligne droite, ou que cette intuition ait eu plus ou moins besoin de l'expérience, ce qu'elle nous montre de la droite est tout ce que nous en savons : la ligne n'existe que par cette image que nous en fait voir une aperception immédiate, commune sans doute à tous les hommes. Si l'impossibilité pour deux droites d'envelopper un espace n'est pas considérée comme l'énoncé pur et simple d'une propriété de cette image, et qu'on en cherche une autre d'où celle-là résulte, on pourra dire, par exemple, que deux droites qui ont deux points communs coïncident, ou qu'une seule droite passe par deux points. Mais qui ne voit qu'au fond c'est la même idée, traduite sous une autre forme ? Certes on peut établir une différence entre ces propositions, absolument comme on pourrait distinguer ces deux affirmations : une pointe de l'aiguille aimantée est dirigée vers le nord, — l'autre est dirigée vers le sud. Mais qui songerait à dire que l'une des deux propositions, prise en elle-même, implique une nécessité logique, sous prétexte que l'autre pourrait s'énoncer la première?

Enfin, si on disait : deux droites ne peuvent envelopper un espace, parce que cela est contradictoire avec la représentation que nous possédons tous de la ligne droite, on ne ferait pas autre chose, sous apparence de logique, qu'énoncer simplement de cette représentation une propriété révélée par une intuition rapide. Le principe de contradiction n'interviendrait pas plus en réalité que si je croyais devoir déclarer ce papier blanc, parce que toute autre couleur serait contradictoire avec la sensation qu'il me donne.

Ainsi, sans prendre parti pour aucune théorie sur l'origine des axiomes, on peut affirmer, nous semble-t-il, que l'évidence des propositions premières en mathématiques, si claire et si immédiate qu'elle paraisse, n'est pas celle qui relève du principe de contradiction. Elle est de même nature que celle qui accompagne l'observation, avec cette différence qu'ici l'intuition se substitue à l'expérience pour nous donner ces propositions, dès que nous sommes d'âge à les comprendre.

Ces considérations suffiraient à la rigueur pour qu'il fût permis de contester aux sciences mathématiques leur caractère de nécessité exclusivement logique. Mais le nombre des axiomes qu'elles énoncent à leur début semble très petit, et, si vraiment les mathématiques, jusque dans leurs développements extrêmes, n'étaient plus qu'une chaîne de déductions se rattachant à ces premiers anneaux, nous serions obligés de reconnaître que l'usage du principe de contradiction est pour l'esprit d'une fécondité merveilleuse. Essayons de montrer quelles restrictions il faut apporter à cette manière de voir.

Il y a peu d'expressions dont on use plus dans l'en-

seignement des mathématiques que de celle de *rigueur*.
Cette démonstration, dira-t-on, manque de rigueur,
celle-ci est plus rigoureuse, etc. Les mathématiciens
seraient peut-être embarrassés pour définir les conditions d'une démonstration rigoureuse; mais du moins
ils peuvent nous renseigner par la répugnance ou la
satisfaction très variable que leur cause tel ou tel raisonnement.

Supposons qu'il s'agisse de cette proposition toute
simple : Si une droite rencontre un cercle en un point,
elle le rencontre généralement en un second. — Es-
sayez de raisonner ainsi : puisque la droite rencontre
le cercle en un point, elle pénètre en ce point dans l'intérieur du cercle ; puis, comme elle s'en va à l'infini, il
faut bien qu'elle sorte du cercle, et qu'ainsi elle le rencontre une seconde fois. Soyez assuré que votre
démonstration sera mal accueillie. Ce n'est pas mathématique, vous dira-t-on ; c'est de l'observation pure et
simple, du domaine des sciences expérimentales ; de la
géométrie, jamais ! — Vous protesterez; les éléments
sur lesquels vous raisonnez ne sont nullement empruntés, tels du moins que vous vous les figurez, au monde
sensible. Ce rond parfait et au contour infiniment
mince, que nous montre une intuition fort claire, n'est-
il pas un être idéal, appartenant au monde des formes
géométriques? — Sans doute; mais, si claire, si immédiate que soit l'intuition, si vous vous contentez d'énoncer les vérités qu'elle vous donne directement, c'est une
constatation que vous faites et non plus une démonstration. — Vous insistez : une démonstration pourrait-
elle se passer de reposer finalement sur la constatation
pure et simple de quelque vérité ? Et n'y a-t il pas
avantage à diminuer, à supprimer, si c'est possible, la
distance qui nous sépare de cette vérité initiale ? —
Certainement oui, mais le malentendu ne tient qu'au

choix des vérités initiales. La méthode mathématique, vous dira-t-on, exige qu'on en réduise le nombre le plus possible et que toute proposition cesse d'être considérée comme première si on peut la déduire logiquement d'autres propositions déjà admises. Or le géomètre a déjà accepté comme données irréductibles le point et la droite avec leurs propriétés intuitives. Si cela peut lui suffire pour en tirer toute la géométrie, il ne doit plus rien admettre.

Pour le théorème dont il s'agit, voici la démonstration que nous donnera un professeur de géométrie : abaissons du centre O la perpendiculaire OH sur la droite qui, par hypothèse, passe déjà par le point A de la circonférence, et portons sur cette droite à partir de H une longueur HA′ égale à HA, et de sens contraire. OA′ sera égal à OA à cause de l'égalité des triangles OHA, OHA′; A′ est donc un second point de la droite situé sur la circonférence.

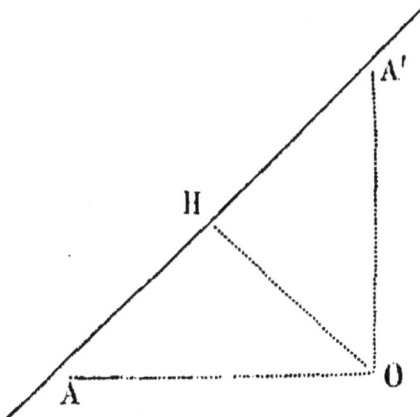

Voilà donc une démonstration parfaite? S'il disait toute sa pensée, notre géomètre répondrait peut-être non. N'importe, c'est plus rigoureux, vous affirmera-t-il. Mais vous, de vous récrier cette fois : qu'est devenu mon cercle? Je vois de tout dans cette démonstration géométrique, excepté le cercle dont il est question, ce rond, qui sépare le plan en deux régions, l'une intérieure, l'autre extérieure.

— Précisément, toutes ces vues concrètes ont disparu, et se trouvent remplacées par la propriété qui sert de définition à la circonférence, à savoir que ses points sont à une distance constante du centre. La no-

tion de la distance de deux points, si elle n'est pas purement intelligible, et affecte encore un minimum de
forme saisissable par la seule intuition, réalise du moins
une simplification notable.

— Simplification est un admirable euphémisme !
Dites plutôt substitution, escamotage, car enfin il faut
s'entendre. Cet être géométrique qui, si abstrait, si
idéal qu'on se le figure, reste une forme et participe de
la qualité, ne peut ainsi se remplacer par une simple
propriété de quantité. Les points de cercle, les points
situés à une distance constante d'un point fixe forment
une donnée que je ne peux juger adéquate à celle du
cercle. J'ai beau les multiplier, les resserrer, je ne fais
nullement apparaître le cercle, à moins que, ayant beaucoup supprimé, on n'ajoute plus encore, et qu'on ne
prétende créer le cercle de toutes pièces en douant le
point de cercle d'un mouvement continu...

— Mouvement, continuité ! Notre géomètre s'en gar-
derait bien ! Non ; il ne connaît et ne veut connaître
que le point de cercle situé sur toute direction issue du
centre. S'il prononce le mot cercle, c'est une façon de
parler qui lui sert à désigner ces points, ou, comme il
dit, le lieu de ces points. Si enfin vous avez besoin de
vous figurer sous ce mot une forme déterminée, tant pis
pour vous : ses raisonnements ont la prétention de s'en
passer. Ils gagnent ainsi en rigueur ce qu'ils perdent en
représentation sensible.

— Vous voilà cette fois édifié : la forme, la qualité,
qui faisaient du cercle un être de l'intuition, semblent
bien avoir disparu. Mais alors n'était-il pas juste de dire
que le cercle avait disparu lui aussi ? Cette propriété
qui le remplace, par définition, dans les déductions du
géomètre, et par laquelle celui-ci s'éloigne du domaine
de l'imagination et des sens pour pénétrer plus avant
dans celui de l'intelligible pur, savons-nous seulement

dans quel rapport elle est avec l'objet dont elle tient la place ? Ne sera-ce pas l'ombre, l'illusion, au lieu de la chose elle-même ?

Du moins, est-ce que, pour avoir substitué ainsi des fantômes aux êtres de l'intuition, le mathématicien va se déclarer complètement satisfait ? — Ne le croyez pas. Il a laissé subsister dans son raisonnement les notions de point, de droite, de distance, qui sont instinctivement pour lui une gêne dans sa poursuite de la rigueur idéale. N'y a-t-il pas là encore un ensemble d'éléments donnés dans l'intuition qui échappent à toute analyse, à une claire compréhension, qui l'empêchent par conséquent de se rendre un compte précis de la légitimité de la suite de ses déductions ? Au fond, nous insistons ici plus qu'il n'insisterait lui-même, et ce n'était d'ailleurs pas une consultation de logique que nous lui demandions, c'est à son sens de la rigueur, à son flair de mathématicien que nous nous adressions. Le point essentiel à noter pour nous, c'est, sans en trop chercher la raison, qu'il se refuse à parler de rigueur absolue tant qu'il manie encore le peu d'éléments sensibles qu'il n'a pu éliminer. Et, si vous le pressez enfin, il ne sera pas à court de vous proposer mieux. — Soit : $x^2 + y^2 = R^2$, dira-t-il, l'équation du cercle ; $y = mx + p$, celle de la droite. En remplaçant y par $mx + p$ dans la première, nous formerons l'équation $x^2 + (mx + p)^2 = R^2$ dont les racines sont les abscisses des points de rencontre des deux lignes. Par hypothèse, l'une des racines est réelle, donc l'autre l'est aussi ; et il y a un second point de rencontre, dès qu'il y en a un premier.

Cette fois, nous voilà bien loin de tout ce qui formait l'objet même de la question. Ce n'est pas seulement le cercle qui disparaît, c'est toute figure, toute droite, tout point. Ces équations, direz-vous, ne servent à la démonstration que parce qu'elles correspondent aux

éléments géométriques, droite et cercle, que parce
qu'elles traduisent, en un certain langage, les propriétés de ces lignes ; x, y, R, ont dû représenter des longueurs pour que les équations fussent justifiées. — Sans
doute ces transformations algébriques ont été suggérées par des problèmes concrets, et, pour les interpréter concrètement, il faut rappeler leur origine, mais
qu'importe ? En elles-mêmes, isolées de cette interprétation, elles satisfont largement le besoin de rigueur
du mathématicien, parce qu'il a le sentiment de pouvoir établir tout ce qui touche à ces transformations
par identités successives. Son instinct l'a amené à séparer, aussi nettement que possible, la matière à propos
de laquelle quelque chose est à démontrer, et une sorte
de cadre, une forme faite de démonstration pure, où peut
mieux s'exercer le contrôle du principe de contradiction. La matière, il l'oublie, et, si vous vouliez la lui rappeler absolument, en observant qu'il parle lui-même
encore de cercle, de droite et de point, il vous répondrait ceci : Libre à vous de voir sous mes expressions
des images concrètes ; pour moi, un point, c'est un
groupe de deux valeurs attribuées l'une à la lettre x,
l'autre à la lettre y ; un cercle, c'est l'ensemble des
couples de deux valeurs qui substituées à x et y, satisfont à telle équation ; une droite, de même. Les points
de rencontre de mes lignes, ce sont les couples de valeurs de x et de y convenant simultanément à mes
équations ; autrement dit, ce sont les solutions d'un système d'équations simultanées. — A cette condition enfin, notre géomètre sent-il qu'il atteint la rigueur absolue dont il a soif? Il faut reconnaître que le plus souvent,
s'il n'y réfléchit pas quelque peu, il se déclarera idéalement satisfait. Et, à la réflexion, s'il aperçoit à la base
même de son analyse algébrique quelques notions irréductibles s'imposant synthétiquement, ce sera là si peu

de chose près des données concrètes qui donnent lieu
d'utiliser cette analyse, que sa quiétude n'en sera pas
fortement troublée. Du moins, il aura le sentiment
d'avoir atteint les limites extrêmes de la rigueur qui lui
est accessible, quand il aura épuisé, autant que cela est
possible, la matière objective, concrète, synthétique,
des idées qu'il manie dans son langage.

Que conclure maintenant de cette consultation ? A
nous fier à l'instinct du mathématicien, la condition de
la rigueur est nettement saisissable. Il faut que l'intuition s'efface le plus possible, que les éléments sensibles
disparaissent, ainsi que toutes les notions qui s'en dégagent pour nous directement. L'esprit sent que ces
données lui échappent, qu'il ne saurait les faire entrer
dans un raisonnement où chaque proposition doit être
sinon identique, du moins analytique ; et, acceptant de
ces données un minimum qu'il ne pourrait rejeter sans
renoncer à toute science, il s'efforce de diminuer sans
cesse le rôle de l'intuition, de voir le moins possible,
afin de mieux démontrer.

Mais comment pourra progresser une science dont
telle est la prétention ? Fondée sur certaines données,
quelles qu'elles soient, elle aura vite, semble-t-il, épuisé
les conséquences des axiomes qui les expriment, et
bientôt parcouru sa carrière, si elle se refuse désormais
à ne rien emprunter au monde de l'expérience ou de
l'intuition : tel n'est pas le cas des sciences mathématiques, qui se continuent sans trêve au cours des siècles
avec une vigueur et une fécondité toujours croissantes.
Qu'est-ce donc qui entretient et prolonge sans cesse
leur existence ? — A en juger par la seule lecture d'un
traité de mathématiques, ce sont visiblement les « définitions ». Avec chaque définition s'introduit dans la
suite des déductions un élément nouveau, et il s'y introduit sans la rompre. Cet élément est, en effet, un

concept construit à l'aide d'éléments anciens, déjà admis
dans les raisonnements antérieurs. Il se trouve cons-
titué de par la volonté et le choix arbitraire de notre
esprit, comme une somme de propriétés déterminées
devant seulement remplir cette double condition de
ne point se contredire, et de se résoudre chacune
en notions que pouvait exprimer jusque-là le langage
mathématique. Ces propriétés s'énoncent en propositions évidemment analytiques, puisque le sujet
y représente, par définition, la synthèse d'éléments
qu'énumère la série des attributs. Rien n'empêche la
notion ainsi créée d'entrer dans une suite de déductions ;
elle est toute prête à prendre place dans l'engrenage
des raisonnements mathématiques.

Certes, quand l'esprit se plaît à créer lui-même les
êtres sur lesquels son activité va s'exercer, il ne se livre
pas à un simple jeu. Ce n'est pas la fantaisie pure qui
lui sert de guide. L'intuition ou l'expérience ont suggéré quelque objet d'étude ; ou bien des vérités sont
apparues d'elles-mêmes, dont un instinct plus ou moins
exercé fait pressentir l'importance et la fécondité. Au
début, ces notions peuvent s'introduire avec leur nature complexe, et les chercheurs n'attendent pas, pour
s'y appliquer, qu'un travail d'épuration vienne garantir
la continuité parfaite de la chaîne de déductions logiques. Peu leur importe que leurs raisonnements présentent un mélange de propositions analytiques et de
postulats. C'est généralement plus tard que, par besoin
de rigueur, les postulats deviennent des vérités de définition.

S'agit-il de cette notion : « la longueur d'une circonférence », l'intuition du cercle la fournit d'abord dans sa
complexité, et avec son caractère concret ; un postulat
permet de la faire entrer dans le domaine des recherches géométriques, à savoir : la longueur du cercle

est la limite des périmètres des polygones inscrits dont tous les côtés tendent simultanément vers zéro. Enfin, les recherches relatives à cet élément acquièrent leur forme définitive, et se présentent comme la suite toute naturelle des recherches antérieures, sans solution de continuité dans l'enchaînement logique des propositions, du jour où cette longueur de la circonférence est *par définition* ce que le postulat primitif demandait qu'elle fût.

C'est évidemment simplifier beaucoup les choses que de réduire ainsi la formation d'un concept à deux moments déterminés. Les phases du travail d'élaboration, s'exerçant sur des données concrètes pour en tirer des notions intelligibles, peuvent être infiniment variées. Qu'il nous suffise ici de dénoncer ce travail, dont le besoin de rigueur impose la nécessité.

Du reste, au lieu d'époques successives auxquelles correspondent des interprétations différentes de la même notion, on peut parler de points de vue distincts, d'où l'envisagent les penseurs, suivant l'idée qu'ils se font des sciences mathématiques. Pour les uns, la forme ne se sépare pas de la matière, la science théorique de la science concrète ou appliquée, ils n'en connaissent qu'une, s'appliquant directement aux objets de l'intuition ou du monde physique. Derrière les définitions, ils ne cessent pas de voir les axiomes ou postulats auxquels elles ont essayé de se substituer. Les autres, au contraire, laissant de côté l'origine des idées, s'attachent à isoler, à séparer des éléments plus ou moins concrets qui lui servent de gangue, une science pure de l'esprit, et c'est elle seule qu'ils veulent voir dans les sciences mathématiques.

Les premiers contesteront à celles-ci leur certitude logique, et, trouvant dans une suite innombrable de postulats l'aliment qui sans cesse vient y exciter l'activité de l'esprit, ils ne verront que dans la nature de leur objet une raison de les distinguer des autres sciences. — Les seconds croiront à un domaine intellectuel tout spécial, d'où la synthèse est exclue, où toutes les vérités se résolvent en jugements analytiques, et résultent naturellement et rigoureusement les unes des autres.

A ces deux points de vue distincts se rattachent la plupart des discussions que peut susciter la méthode des sciences mathématiques.

S'agit-il de justifier l'application de ces sciences au monde physique? D'un côté, la question ne se pose même pas, car les objets mathématiques sont empruntés à la réalité sensible, soit que l'esprit les en tire par son procédé habituel d'abstraction, soit qu'une intuition directe les lui donne, et, dans le second cas, peu importe la nature de cette intuition. Pour St. Mill qui ne voit pas dans cette intuition un domaine spécial de représentations abstraites, et pour Kant, aux yeux de qui elle nous fait connaître à priori les rapports d'espace et de temps, conditions formelles de toutes représentations sensibles, les conclusions d'une science qui lui emprunte sa matière s'appliqueront d'elles mêmes au monde de l'expérience. L'accord s'expliquera d'un côté par la nature expérimentale des mathématiques, de l'autre, par l'impossibilité où se trouve l'expérience d'échapper aux lois de l'intuition à priori.

Au contraire, ceux qui veulent suivre la mathématique pure dans sa tendance à rejeter toute donnée de l'intuition ou des sens, ceux qui, après avoir accepté un minimum irréductible d'éléments concrets, s'efforcent de construire ensuite sur cette base un échafaudage purement logique où n'entrent que des êtres intellectuels, pour ainsi dire, que des fantômes d'idées, ceux-là se trouvent en présence d'un difficile problème, dès

qu'il faut justifier la moindre application physique. Ils
ont sacrifié au souci de la rigueur celui du caractère
objectif de leurs études. Et n'est-ce pas à eux que s'applique cette remarque de Mill : « Je crois que le caractère de nécessité assigné aux vérités des mathématiques, et même la certitude particulière qu'on leur
attribue sont une illusion qui ne se maintient qu'en
supposant que ces vérités se rapportent à des objets et
à des propriétés d'objets purement imaginaires. » Il n'y
aurait illusion, à proprement parler, que du moment où
cette mathématique croirait être l'expression même de
la réalité. Par son caractère éminemment subjectif, elle
ne peut franchir les bornes de la théorie pure : A moins
qu'on ne demande d'admettre en un postulat unique, si
l'on veut, mais d'une généralité étrangement audacieuse,
une sorte d'harmonie préétablie entre les choses et les
concepts de l'entendement, entre le réel et l'intelligible.

Est-il question du caractère analytique ou synthétique
des jugements mathématiques, la différence des deux
points de vue entraîne ici des réponses contraires, les
uns n'acceptant que comme postulat ce que les autres
énoncent par définition.

Enfin, de cette dernière question il faut rapprocher
cette autre, si souvent débattue, des rôles comparés de
l'axiome et de la définition dans les démonstrations mathématiques. Les uns ont prétendu que les axiomes n'y
interviennent pas et que les définitions sont leurs éléments essentiels; les autres ont au contraire voulu
faire reposer les démonstrations sur les axiomes. Ainsi
qu'on l'a fait remarquer (1), une première confusion
empêchait qu'on se mît d'accord : les axiomes généraux ou communs, principes de pensée, dans tous les

(1) Cf. LIARD, *Des Définitions géométriques*, et RABIER, *Logique*.

domaines où s'exerce l'intelligence, n'étaient pas suffisamment distingués des postulats spéciaux à chacune
des sciences mathématiques. La question ne pouvait et
ne devait être intéressante que pour ces axiomes d'un
genre tout particulier, chargés d'énoncer, en des propositions aussi simples que possible, les données naturelles qui leur servent de base. Mais en le faisant remarquer, et en essayant de dissiper ainsi tout malentendu,
on n'a guère tenu compte d'ordinaire que des axiomes
fondamentaux, de ceux qui se trouvent énoncés au début même de chacune des sciences mathématiques. On
semble alors avoir définitivement tranché le débat par
cette conclusion : Au début, les démonstrations se fon-
dent sur les axiomes, puis indéfiniment sur les définitions. Tout naturellement sur son chemin on se heurte
à une contestation de la part de ceux qui, refusant d'envisager la mathématique idéale, prétendent ne connaître que les sciences mathématiques appliquées.
Ceux-ci démasquent les postulats cachés derrière les
définitions des premiers, et concluent que le rôle pré-
pondérant appartient aux axiomes.

Ces deux points de vue distincts, d'où résulte fatalement une divergence si nettement marquée d'opinion,
sont-ils l'un et l'autre légitimes ? Aucun des deux ne
nous semble avoir le droit d'exclure l'autre d'une façon
absolue.

Fixons d'abord les différences. De part et d'autre on
accepte que la méthode des sciences mathématiques
soit démonstrative, mais on ne s'accorde pas sur la façon dont s'introduisent dans l'engrenage des déductions
les éléments nouveaux qui servent de point de départ
aux développements successifs. D'un côté, c'est par une
définition arbitrairement énoncée qu'on les crée, pour
ainsi dire, en donnant en même temps la série de leurs
propriétés; de l'autre, on énonce la même série de pro-

priétés, sous forme d'axiomes synthétiques. D'un côté, par conséquent, on se donne l'illusion d'une seule et longue chaîne logique partant d'un premier anneau, posé une fois pour toutes; de l'autre, on se condamne à briser la chaîne et à la partager en une série illimitée de morceaux. Il nous semble possible de défendre chacune des deux manières de voir contre les partisans trop exclusifs de l'autre.

Stuart Mill prétend d'un côté qu'il est impossible d'échapper à la nécessité des postulats : les définitions n'y parviendraient qu'en apparence. Prenant pour exemple celle du cercle que donne Euclide, « cette définition, dit-il, analysée, offre deux propositions, dont l'une est relative par hypothèse à un point de fait, et l'autre est une définition légitime : il peut exister une figure dont tous les points de la ligne qui la termine sont à une égale distance d'un point intérieur ; toute figure ayant cette propriété est appelée un cercle. »

S'il devait être question, dans les démonstrations du géomètre, d'un cercle matériel emprunté au monde physique, St. Mill aurait cent fois raison : l'existence du cercle ne pourrait s'énoncer que sous la forme d'un postulat tellement évident à tous les yeux, que nous croyons inutile d'insister. Mais, d'abord, est-il besoin de dire que le géomètre rejettera absolument ce rond en bois ou en métal, par exemple, et refusera d'y voir l'être abstrait qu'il veut étudier ? Que ce soit ou non l'expérience qui ait fourni, dans de nombreuses circonstances, l'occasion de percevoir des corps dont la forme ait suggéré l'image parfaite et infiniment mince de l'intuition, peu importe : c'est celle-ci d'abord qu'on doit substituer au cercle matériel, si on veut essayer de chasser les postulats. Mais aurait-on le droit de déclarer qu'on y aura réussi, en nommant cette figure « celle dont tous les points sont également éloignés du centre ? » N'est-il

pas évident au contraire que le postulat subsiste pour
ne plus viser, il est vrai, qu'une chose de l'intuition ?
St. Mill n'affirme pas que son cercle a une existence
matérielle ; il semble prévoir même le cas, sans le discuter, où le cercle serait fourni par l'intuition. « Si les
postulats, dit-il, sont admis par l'intuition ou par preuve,
c'est une matière à disputer, mais de toutes manières
ils sont les prémisses des théorèmes. » Réduit à être
une forme que notre imagination nous représente sans
peine, si cet être d'intuition s'offre à nous comme un
objet d'étude et que nous énoncions, comme proposition
fondamentale, que tous les points sont également dis-
tants d'un point intérieur, nous formulons un postulat.
C'est là une propriété qu'on pourra prétendre trouver
dans l'examen analytique de l'image en question, tout
comme on découvre, par une étude attentive, les propriétés chimiques d'un corps ; mais on ne saurait
affirmer sans postulat que cette image coïncide avec
une chose que caractériserait la propriété énoncée.
Ainsi, il ne suffit pas, pour supprimer la nécessité
d'un postulat, de substituer l'intuition à l'expérience
externe.

Un pas de plus atténue la difficulté, c'est celui que
l'on fait en définissant le cercle, non plus le rond abstrait dont la forme se dégage pour nous des ronds matériels qu'offre l'expérience, mais la ligne engendrée par
une extrémité d'une droite de longueur constante, dont
l'autre extrémité reste fixe, et qui tourne d'un mouvement uniforme autour de ce dernier point. Cette fois le
postulat est-il supprimé ? Au fond, pour supprimer le
postulat particulier du cercle, cette définition en implique d'autres, très généraux, il est vrai, mais terrible-
ment complexes, celui-ci, par exemple : « Le mouvement d'un point peut engendrer une ligne continue. »
Sans parler de la vérité d'une telle proposition, ne voit-

on pas que sa signification elle-même est des plus diffi-
ciles à entendre ?

Les notions de ligne et de continuité ne sont pas nouvelles, dira-t-on, quand on aborde l'étude de la circonférence. N'a-t-on pas avant tout introduit la droite en
géométrie, et la notion de la droite ne contient-elle pas
déjà celle de ligne et celle de continuité ? Cela est indiscutable, mais il n'est pas moins certain que la définition du cercle par génération continue revient alors
à la suivante : le cercle sera la figure obtenue par le déplacement d'un point assujetti à rester à une distance
fixe d'un point déterminé, dans des conditions telles
que quelque chose soit engendré, ayant en commun
avec la droite cette propriété d'être une ligne continue.
Il est difficile de ne pas avouer qu'on admet alors la
possibilité d'une génération semblable, et Stuart Mill
ne demanderait peut-être rien de plus.

Enfin, on pourrait dire : le postulat qui énoncera la
possibilité de la génération des figures par le mouvement d'un point n'a qu'à s'ajouter, dès le début, à la
liste des premiers axiomes, et nous en voilà débarrassés
désormais. C'est une erreur : ce postulat se contentera
d'affirmer, sans rien expliquer ; nous ne saurons jamais comprendre en quoi consiste cette création de
figures, et, chaque fois que nous voudrons la supposer
réalisée dans un cas particulier, nous devrons admettre
que les conditions spéciales auxquelles est assujetti le
point mobile, ne rendent pas impossible l'existence simultanée des autres conditions mystérieuses de la génération continue. Il n'y aura certainement aucune difficulté à le faire, mais l'essentiel est de savoir qu'on
admettra quelque chose.

Non : pour se permettre de supprimer le postulat, il
faut faire un pas de plus et renoncer à créer une ligne
continue, de sorte que la question de son existence,

même intuitive, n'ait plus à se poser. Que la circonférence, cessant de correspondre à l'image intuitive, devienne pour le géomètre un ensemble de points, un
système de points, un lieu de points, assujettis à rester
à une distance déterminée d'un point fixe, — les mots
ensemble, système, lieu, impliquant une seule idée, à
savoir que les points dont il s'agit ont une propriété
commune, — que pourra-t-il y avoir d'impossible, non
plus dans l'existence du cercle, mais dans la construction d'un point quelconque du cercle? Sur une direction
quelconque issue d'un point fixe, je marque un second
point à une distance donnée du premier; j'en obtiens
ainsi autant que j'en veux. Ce sont là des constructions dont la possibilité résulte des notions déjà posées
de droite, de point, de distance. C'est une vue nouvelle,
une synthèse spéciale d'éléments déjà acquis, et non
pas un être nouveau, que l'esprit se plaît à introduire
à la suite des premières propositions sur la droite et le
point. Il semble que quelque chose soit survenu seulement dans la forme et non dans la matière de la géométrie théorique. Un postulat nouveau paraît donc inutile. La possibilité d'existence pour la notion qui vient
de se former, c'est uniquement l'absence de contradiction. Or les éléments que l'esprit groupe à son gré sont
déjà posés en petit nombre, soit par des axiomes, soit
par des définitions, l'absence de contradiction ne
semble pas devoir s'exprimer en un postulat spécial.

Certes, à rigoureusement parler, quelque hésitation
pourrait provenir de la nature inconnue, incomplètement analysée, des premiers éléments que l'on groupe
à son gré. Un postulat n'est-il pas nécessaire pour
assurer la compatibilité du groupement nouveau des
éléments avec la part d'inconnu qu'implique leur notion? Sans doute, mais le géomètre rationaliste peut
diminuer encore la difficulté en déclarant que la notion

utilisée se réduit pour lui, par définition, à l'ensemble des propriétés par lesquelles il a eu l'occasion de la faire intervenir : Ce ne sera pas une chose dont il aura entrevu certaines propriétés, et qui en comprend d'autres à découvrir, c'est un être qui n'a de sens que par les propriétés énoncées à son occasion. Que par un point donné quelconque passent autant de droites qu'on voudra, que sur une direction, à partir d'un point, il existe toujours un second point situé à une distance donnée du premier, ce seront des faits compris dans la définition des points, droites et distances. — Enfin, il est certain que le besoin du postulat se ferait moins sentir si, à l'exemple du géomètre, dont nous avons exposé les idées au début de ce chapitre, nous laissions définitivement de côté toute donnée géométrique pour nous transporter dans l'analyse pure.

Mais, sans sortir de la géométrie proprement dite, il nous semble que, réduit au *lieu* des points situés à une distance constante d'un point donné, — les idées de mouvement, de continuité et de ligne étant exclues, — le cercle se trouve suffisamment dépouillé des qualités concrètes de son image intuitive, pour que Stuart Mill lui-même ne postulât plus la réalité de l'existence, et pour qu'il n'eût cette fois qu'un seul reproche à adresser à la définition, à savoir, non plus de dissimuler un postulat, mais de supprimer toute chose réelle au sens où il entendrait ce mot. Et sur ce point il n'y aurait qu'à lui donner raison. Mais la question n'est pas de savoir si la science théorique ainsi constituée, avec un minimum si ténu de données concrètes, eût pu lui plaire ou s'il l'eût traitée de chimère, il s'agit seulement d'établir contre lui la possibilité de cette science.

De leur côté, les philosophes conceptualistes sont trop exclusifs quand ils contestent le droit de dénoncer les postulats que cachent souvent les définitions.

Souvent en effet une définition nouvelle est construite avec le souci d'affubler l'être fictif des propriétés caractéristiques de l'objet concret (1), et, de la sorte, rien n'est changé dans la marche de la science, parce qu'au postulat qui énonçait ces propriétés on aura substitué la définition qui les pose. Cela est si vrai, que, lorsqu'il s'agit des axiomes primitifs, on n'a aucune peine à le reconnaître : « La géométrie débute, dit M. Liard, par l'intuition des figures et de leurs propriétés élémentaires ; l'aperception de ces propriétés, voilà la source des raisonnements géométriques. Mais nous pouvons exprimer ces propriétés par des axiomes ou des définitions, sans introduire aucune différence dans la nature de nos démonstrations... Il semblerait alors possible de ramener tous les axiomes à des définitions, puisque axiome et définition énoncent des propriétés intuitivement connues. On peut le faire ; mais ce serait compliquer outre mesure et sans profit réel le système des définitions. »

Ainsi, à propos des axiomes du début on n'ajouterait pas une importance extrême à l'échange de ces deux choses, postulat et définition. Pourquoi donc se borner à un groupe spécial d'axiomes? Quand on appellera longueur de la circonférence la limite des périmètres des polygones inscrits, et qu'ainsi on dissimulera ce postulat intuitif : la longueur de la circonférence est la limite des polygones inscrits, en quoi cette façon de procéder s'écartera-t-elle de celle qu'on admet au début de la géométrie? Puisqu'ici on parlait de définition

---

(1) Il n'en est pas toujours ainsi : l'activité de l'esprit peut créer des notions où il n'y a lieu de chercher l'expression directe d'aucun objet concret réel ou même possible. Mais alors il faut indiquer un certain mode de correspondance entre cette notion et les choses, et, pour cela, énoncer des propositions qui pourront être envisagées comme de véritables postulats.

substituée à l'axiome, pourquoi là ne voudra-t-on plus voir que la définition ?

Bien plus, si cette sorte d'équivalence des axiomes et des définitions peut manquer de clarté, ce n'est qu'à propos des premiers axiomes. Une définition s'exprime en effet, nous l'avons dit, à l'aide d'éléments antérieurement posés. Au cours du développement des sciences mathématiques, rien n'est plus facile à comprendre, mais au début même de ces sciences, il faut bien apporter en des propositions synthétiques des éléments premiers qu'on ne définit pas. Sans doute, on peut essayer de donner, comme définition de ces éléments, l'ensemble des propositions premières, en convenant de supprimer le sens intuitif des mots, et d'énoncer des définitions verbales. Elles seraient en tout cas d'un genre nouveau, servant à définir simultanément le sujet et l'attribut. Il vaut mieux avouer que la substitution des définitions aux postulats ne doit pas aller jusqu'aux points de départ eux-mêmes des sciences mathématiques. Mais du moins si cette difficulté n'empêche pas d'en entrevoir la possibilité dès le début, à plus forte raison doit-on l'admettre dans la suite des développements.

Ainsi, à nos yeux, les deux points de vue qu'on pourrait appeler conceptualiste et réaliste sont l'un et l'autre justifiés dans certaines limites. Les philosophes qui ont préféré l'un, dans leur manière d'envisager les mathématiques, ont eu le tort d'exclure l'autre. N'ont-ils pas d'ailleurs chacun sa raison d'être? Nous rejetons volontiers la répartition adoptée d'ordinaire des sciences mathématiques en sciences pures et appliquées : cette distinction se retrouvera, non plus entre deux catégories de sciences, mais entre les deux côtés, les deux faces de toute science mathématique. D'une part, elle a pour matière une suite d'objets empruntés

à l'intuition ou à l'expérience ; c'est une branche de la
science générale dont le but est la connaissance d'un
domaine particulier. De l'autre, c'est une méthode spéciale, une voie déterminée par laquelle l'esprit procède
dans la recherche de la vérité. Par son premier caractère, elle reste ouverte sans cesse à des données nouvelles qui viennent faciliter ses progrès et accroître sa
fécondité. Par son second, elle soumet ces données,
avant de les accueillir, à une élaboration spéciale, elle
exige de pouvoir les construire elle-même à l'aide de
ses propres ressources, de pouvoir les définir.

Et maintenant, si l'on cite les mathématiques comme
l'exemple d'un prodigieux accroissement de connaissances sortant en apparence les unes des autres, sous
la garantie du principe de contradiction, nous sommes
en droit de répondre : De quelles connaissances s'agit-
il ? S'il est question des vérités énoncées dans cette
mathématique rationnelle idéale qui plane au-dessus
des sciences mathématiques proprement dites,
essayant de les recouvrir le plus complètement possible de sa trame ininterrompue, il est certain que plus
elle y réussit, plus aussi s'accentue le caractère fictif
des notions qu'elle étudie. Tout se démontre, soit : rien
alors, en dehors des conceptions de l'esprit, ne se
trouve établi. Que s'il s'agit des progrès réalisés dans
la connaissance d'une matière, fournie, suivant les uns
par une intuition directe, tirée, suivant les autres, des
données des sens par une abstraction de l'esprit, il
ne faut plus alors parler de certitude logique ni de
cette rigueur qui prétend ne relever que du principe
de contradiction.

CHAPITRE II

MATHÉMATIQUES PURES (suite)

Pour laisser les idées se suivre plus naturellement, nous avons donné peu de place aux exemples, nous réservant d'éclaircir encore et d'achever de justifier nos assertions, en montrant quelles transformations l'analyse pure a dû faire subir à ses notions fondamentales, pour s'identifier de plus en plus avec la mathématique idéale que nous avons définie.

A. — Le nombre arithmétique.

1. — L'idée primitive du nombre est évidemment celle que fournit une collection d'objets distincts. Le nombre est tout d'abord concret, il ne se sépare pas de la collection à laquelle on le fait correspondre.

Un premier pas fait dans le sens de l'abstraction, ou dans l'éloignement de la qualité sensible, conduit au concept du nombre abstrait, collection d'unités indéterminées. L'esprit se forme une suite illimitée de nombres, dont chacun est défini par la propriété d'avoir une unité de plus que le précédent. Mais, en procédant ainsi, il n'abandonne pas complètement le domaine concret, et, s'il laisse indéterminé le genre des unités, il ne se représente pas moins chaque nombre comme une collection nouvelle qu'il obtient en introduisant un objet de plus dans la précédente. Cette image de la collection concrète va lui fournir les premiers principes fondamentaux, ceux qui aboutissent à la formation des nombres par addition. Il ressort clairement, en effet, de la représentation concrète, que l'ordre dans lequel on envisagera successivement les objets de la collection, pour les compter, n'influera pas sur leur nombre; que, si par la réunion de deux collections d'objets on veut en faire une troisième, il suffit d'ajouter à l'une successivement tous les objets de l'autre; que dans cette opération on peut, sans rien changer au résultat, échanger les rôles des deux collections; que si l'une des deux est déjà formée par la réunion de plusieurs collections, il revient au même de réunir avec l'autre chacune des collections partielles, ou successivement chacun des objets qui les composent. Ces postulats sont les fondements de l'addition arithmétique; de la soustraction, par conséquent, qui se définit comme opération inverse de la précédente; de la multiplication, qui se réduit à une série d'additions; enfin de la division, qui théoriquement se ramène à une série de soustractions. Par eux se trouvent donc introduites les premières relations simples entre les nombres, les premières égalités exprimant que la même collection peut se former de plusieurs manières, et enfin sur ces égalités repose toute la théorie des nombres entiers.

2. — La comparaison des grandeurs de même espèce conduit bientôt au concept de *nombre fractionnaire* : c'est toujours au fond le nombre entier, mais les objets de la collection deviennent des parties aliquotes de l'unité primitive.-Celle-ci est supposée divisible en un nombre quelconque de parties égales.

En posant le concept nouveau comme une généralisation du nombre, en appelant désormais de ce nom le symbole numérique destiné à indiquer comment une quantité quelconque est composée à l'aide de la quantité unité, l'esprit réalise un progrès dans la voie qui l'éloigne du sensible ; mais il n'en est pas encore aussi loin qu'on pourrait croire. Toute la théorie et le calcul des fractions reposent en effet sur un nouvel appel à la représentation des quantités concrètes. Qu'entendra-t-on quand on dira que $\frac{a}{b}$ est égal à $\frac{a'}{b'}$? Il est clair que si a est égal à a', et b à b', l'égalité $\frac{a}{b} = \frac{a'}{b'}$ se trouvera suffisamment justifiée sans commentaire. Mais est-il nécessaire que ces conditions soient remplies pour qu'il puisse être question d'égalité ? Non, assurément, pourvu que l'égalité porte sur les quantités concrètes que mesurent les deux fractions. Il faut donc se représenter deux grandeurs de même espèce, emprunter, par exemple, à l'intuition géométrique l'image de deux longueurs, formées l'une en portant à la suite a fois la b^{me} partie de l'unité, l'autre en portant a' fois la b'^{me} partie de cette même unité : l'égalité $\frac{a}{b} = \frac{a'}{b'}$ signifiera simplement que les deux longueurs obtenues peuvent coïncider. L'inégalité $\frac{a}{b} > \frac{a'}{b'}$ s'entendra d'une façon analogue. Le théorème fondamental, suivant lequel la fraction n'est pas altérée quand on multiplie ou divise les deux termes par un même nombre, s'établit alors, presque sans démonstration, par un appel direct à la représentation concrète : Si le numérateur a est multiplié par n, il faut prendre n fois plus de parties pour former la longueur correspondant à la première fraction, cette longueur devient donc n fois plus grande, etc. L'addition des fractions n'a pas d'autre sens que l'addition des quantités concrètes qu'elles mesurent. Le produit $\frac{a}{b} \times \frac{a'}{b'}$ représentera la longueur que mesurerait $\frac{a'}{b'}$ si la longueur $\frac{a}{b}$ était prise pour unité, d'où la règle qui sert à trouver ce produit. Bref, c'est de la représentation sensible que l'esprit tirera tous les éléments nouveaux nécessaires à l'étude des fractions.

3. — Toute grandeur n'est pas nécessairement la

somme d'un certain nombre de parties aliquotes de la grandeur unité, si petites qu'on les choisisse. Ainsi la diagonale d'un carré ne contient un nombre exact de fois aucune partie aliquote du côté, elle est *incommensurable* avec lui, comme le savaient déjà les pythagoriciens. Si donc le côté est pris pour unité de longueur, il ne correspondra, pour la diagonale, aucun nombre entier ou fractionnaire qui en soit la mesure. Pour qu'on puisse encore parler du *nombre* qui mesurera la diagonale, il faut que ce concept subisse une transformation nouvelle ; il faut que le nombre devienne définitivement un symbole que, *par définition*, on fera correspondre à tout état de grandeur, quel qu'il soit.

Que sera la valeur d'un nombre incommensurable, comparée, soit aux nombres entiers ou fractionnaires, soit à d'autres nombres incommensurables? Quel sera le sens des opérations effectuées sur des nombres, dont l'un au moins est incommensurable ? La représentation des quantités concrètes donnera la réponse à ces questions.

Il est clair d'abord que, si a est un nombre incommensurable, c'est-à-dire le symbole arithmétique d'une longueur A incommensurable avec l'unité, et si b est le symbole répondant à la longueur B, les relations $a = b$, $a > b$, $a < b$ signifieront simplement que A et B ont entre elles les mêmes relations de grandeur ; $a + b$ représentera la somme des longueurs A et B, $a - b$ leur différence, somme et différence qui conservent d'ailleurs une signification précise indépendante de la nature des nombres a et b.

Pour aller plus loin, il faut définir les *valeurs approchées* du nombre incommensurable. Supposons la longueur unité divisée en n parties égales : soit l la longueur commune à ces parties. Si nous portons l sur la

longueur incommensurable AB, à partir de A, autant de
fois que ce sera possible, B se trouvera compris entre le
dernier point de division ainsi obtenu,
C, et le point C' situé
au delà de B, sur la
ligne AB, et tel que CC' soit égal à l. Si, par exemple,
on a AC $= l \times p$, AC' $= l \times (p + 1)$, le nombre incommensurable α, qu'on fera correspondre à AB, sera
compris entre ceux qui mesurent AC et AC', c'est-à-
dire entre $\frac{p}{n}$ et $\frac{p+1}{n}$, puisque cela signifie simplement
que AB est compris entre AC et AC'. Il n'y a plus qu'à
faire croître n indéfiniment, ou faire tendre l vers
zéro : on fera naître une double série de longueurs
telles que AC et AC', de plus en plus approchées de
AB, et admettant AB pour leur limite commune,
puisque CC' tend vers zéro. On pourra dire, en
d'autres termes, sans exprimer autre chose, que les
deux séries de valeurs telles que $\frac{p}{n}$ et $\frac{p+1}{n}$ admet-
tent pour limite commune le nombre incommensu-
rable α. Ce sont là les valeurs approchées du nombre
incommensurable qui entreront à sa place dans les calculs pratiques.

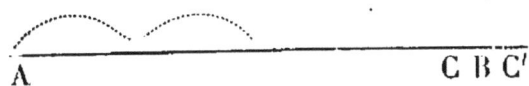

Tout cela est clair, mais jusqu'ici nous apercevons
une chose indispensable pour qu'il soit permis de
parler de nombre incommensurable, c'est la connaissance préalable d'une quantité incommensurable concrète à laquelle il corresponde, et qui lui serve, pour
ainsi dire, de substratum. Cette condition, nécessaire
à l'existence d'un nombre incommensurable, peut disparaître.

La quantité AB posée à priori est, avons-nous dit, la
limite commune des deux séries de longueurs telles
que AC et AC', ou encore α est la limite commune des deux
séries de valeurs approchées telles que $\frac{p}{n}$ et $\frac{p+1}{n}$. Les

4.

nombres de la première série $\left(\frac{p}{n}\right)$ sont moindres qu'un nombre quelconque de la deuxième, et la différence entre deux valeurs de même dénominateur $\left(\frac{p}{n} \text{ et } \frac{p+1}{n}\right)$ tend vers zéro, puisqu'on fait croître n indéfiniment. Eh bien! réciproquement, supposons que, dans une question quelconque, nous soyons conduits à deux suites illimitées de nombres présentant ces deux mêmes propriétés : Si nous imaginons une espèce de quantité telle que à chacun de ces nombres puisse correspondre un état de la quantité, nous aurons deux suites d'états $q_1, q_2...., q_n...$, et $Q_1, Q_2..., Q_n...$, dont les premiers restent inférieurs aux seconds, la différence Q_n-q_n devenant d'ailleurs aussi petite qu'on veut. Faisant un dernier appel à l'intuition sensible, à cette vue de continuité qu'implique pour l'imagination au moins la représentation d'une durée ou d'une étendue, et qui nous montre, entre ces deux suites d'états de la quantité, un état nouveau, ne se confondant avec aucun des autres, supérieur aux premiers, inférieur aux seconds, nous admettrons par un postulat spécial qu'un pareil état existe. Il peut être commensurable, ce dont on s'assurerait en constatant qu'un certain nombre entier ou fractionnaire est la limite commune des deux suites de valeurs. En général, il sera incommensurable, et nous nous trouvons ainsi avoir fait naître la quantité incommensurable nécessaire à la signification du nombre, sans que cette quantité ait été posée à priori.

Si le postulat d'où elle a pu sortir est un appel à la représentation sensible, il ne réalise pas moins, par son caractère de généralité, un progrès immense dans la voie qui nous en éloigne. Désormais, un nombre incommensurable sera simplement défini par deux suites abstraites S et S' répondant aux conditions indiquées; il sera déterminé par les valeurs approchées dont il est la limite. Rien n'est plus facile alors que de définir le produit ou le quotient de deux nombres incommensurables ; que de définir $\sqrt{N}$ quand N n'est pas un carré, etc.

4. — Mais le postulat lui-même peut disparaître enfin. Il suffit de renoncer à voir la quantité incommensurable sous le symbole qui y correspond, et de convenir que les deux suites de nombres, S et S', quand elles ne sont pas séparées par un entier ou une fraction, *définissent* un nombre incommensurable. Par *définition* il sera plus grand qu'un nombre de la première suite, et plus petit qu'un nombre de la deuxième. Par *définition* les opérations sur les nombres incommensurables seront telles que rien ne soit changé à leur calcul, et que tout se passe, au point de vue des résultats, comme si, au lieu de s'en tenir à un symbolisme pur, on avait conservé, dans l'établissement des principes, l'intuition des quantités concrètes. Mais qu'importe ? l'épuration se fait, la notion du nombre incommensurable se dépouille de toute aperception sensible ; les postulats disparaissent, et, à part les données intuitives qu'ont exigées les notions premières d'entiers et de fractions, le nombre se pose comme une création de l'esprit (1). Au fond, sans doute, les postulats se cachent pour se montrer de nouveau à l'occasion d'une application concrète. Ils ne sont que déplacés : si pour une grandeur quelconque on veut parler d'un état correspondant à quelque symbole incommensurable, il faudra admettre que, par sa nature, elle est susceptible d'une pareille détermination ; ce qui revient encore à dire que, d'une part, elle peut prendre toute valeur marquée par un nombre fractionnaire, et que, d'autre part, entre deux suites d'états mesurés par des séries

(1) On trouve aussi dans les traités d'analyse d'autres méthodes de définition des incommensurables ; au fond, elles ne diffèrent pas essentiellement de celle que nous indiquons ici.

de nombres telles que S et S', il existe un état intermédiaire de la grandeur. Du moins la rigueur logique des constructions de l'esprit se trouve de plus en plus nettement séparée des conditions objectives auxquelles elles pourront être utilisées.

5. — Revenant maintenant en arrière, envisageons à leur tour les données premières relatives à la fraction et au nombre entier, et voyons si elles ne se réduisent pas aussi entre les mains des analystes modernes. Pour la fraction, la question est des plus simples. Rien n'empêche de laisser de côté le partage de l'unité en parties égales, et la formation de diverses quantités par la répétition de parties aliquotes de cette unité. Il suffira d'appeler fraction le symbole $\frac{a}{b}$ où a et b sont des nombres entiers quelconques ; d'appeler égales deux fractions formées des mêmes nombres quand on a divisé de part et d'autre les deux termes par tous leurs facteurs communs. De cette définition résulte, en particulier, ce point fondamental que la valeur d'une fraction n'est pas altérée si on multiplie ou qu'on divise les deux termes par un même nombre : d'où la simplification des fractions et leur réduction au même dénominateur; d'où enfin les règles de calcul, dont le but se définira par le résultat lui-même. Ainsi, ajouter ou multiplier deux fractions, ce sera former de nouvelles fractions à l'aide de telle série de calculs, etc.

Reste seulement alors, pour servir de fondement à l'analyse, une certaine quantité de données intuitives, celle qu'implique la notion du nombre entier. Il serait illusoire de vouloir la supprimer complètement, du moins il est possible de la réduire encore à un minimum indispensable. Signalons, par exemple, la suite d'idées qui permet à Helmholtz de résoudre ce problème de reconstruction logique. Elle consiste à supprimer la notion concrète de la collection, avec tous les postulats qu'elle implique, et fonde le concept du nombre sur l'idée de succession dans le temps, que suffit à nous donner le souvenir d'un état psychique passé se mêlant dans la conscience à une représentation actuelle. Cette idée de succession nous permet de construire une série de symboles dont chacun sera défini par la propriété de venir après le précédent. Il reste alors (1) à définir,

(1) Portons notre attention sur un terme de cette série (pour plus de commodité nous représenterons les différents termes par des signes absolument quelconques), puis sur chacun de ceux qui suivent dans l'ordre où ils se présentent, et désignons-les respectivement par *un*, *deux*, *trois*. . Cela s'appellera *compter*. Les notations du système décimal, par exemple, nous permettront d'aller aussi longtemps que nous voudrons, sans jamais répéter d'ailleurs la même désignation, ou. suivant l'expression que nous conviendrons d'adopter, le même *nombre*, Nous appellerons *supérieurs* à un nombre tous ceux qui le suivent dans notre série ; *inférieurs*, tous ceux qui le précèdent. Deux nombres correspondant à des éléments distincts de la série sont dits *inégaux* : l'un d'eux est nécessairement supérieur à l'autre. Deux nombres correspondant au même élément et qui, pour une raison quelconque, auront reçu deux désignations distinctes, seront dits *égaux*. Il résulte évidemment de cette définition que deux nombres égaux à un troisième sont égaux entre eux.

Addition. a étant un nombre quelconque, nous représenterons par $a + 1$ le nombre suivant, de sorte que, si b était la première désignation de ce dernier nombre, quand on avait compté *un*, *deux*, *trois*, etc., à partir d'un élément déterminé de la série, on a, par définition, l'égalité $b = (a + 1)$. Plus généralement, nous représenterons par $(a + b)$ le nombre de la série qu'on serait amené à désigner par b, si on avait compté *un* pour le nombre $(a + 1)$, *deux* pour le nombre $[(a + 1) + 1]$, etc. Cette définition a pour conséquence immédiate l'égalité

(1)
$$(a + b) + 1 = a + (b + 1)$$

le nombre marqué par le premier membre est, en effet, celui qui suit $(a + b)$; on y est donc conduit en comptant *un*, *deux*, *trois*, etc., à partir de $(a + 1)$ jusqu'à $(b + 1)$, de sorte que, par définition, ce nombre peut être encore désigné par $[a + (b + 1)]$. Ainsi de nos premières définitions résulteront les égalités

$$(a + 1) + 1 = a + (1 + 1) \text{ ou } a + 2$$
$$(a + 2) + 1 = a + 3$$

L'addition se trouve de la sorte complètement définie. On voit immédiatement que cette opération marquée par le symbole $(a + b)$ a un résultat unique, chacun des termes de ce processus étant lui-même

à l'aide de ces symboles, des opérations telles que les postulats fondamentaux, fournis par l'aperception des collections concrètes, en résultent logiquement, et que

bien déterminé, de sorte que la définition même de l'addition implique cet axiome : deux nombres égaux, ajoutés à un même troisième, donnent des résultats égaux.

Trois caractères essentiels la distinguent encore de l'addition ordinaire : 1° la loi d'*associativité* $[(a + b) + c = a + (b + c)]$ n'est établie que pour le cas $c = 1$; 2° l'addition n'est pas donnée comme *reversible :* dans l'opération marquée par $(a + b)$ les rôles de a et de b ne sont pas les mêmes. Si nous disons que $(a + b)$ est le résultat obtenu en ajoutant b à a, il n'est pas évident que le résultat obtenu en ajoutant a à b lui est égal ; 3° il n'est nullement évident que, si l'un des deux termes a ou b est changé, le résultat $(a + b)$ est également changé.

Il reste donc à montrer qu'on peut déduire logiquement des premières définitions ces trois propriétés de l'addition ordinaire.

1. — Loi d'associativité. $(a + b) + c = a + (b + c)$ (2). L'égalité a lieu pour $c = 1$, ainsi que nous l'avons remarqué. Il suffit alors, pour en établir la généralité, de montrer que, si elle est vraie pour un nombre c, elle est encore vraie pour $c + 1$. Or, en vertu de (1), nous avons

$$[(a + b) + c] + 1 = (a + b) + (c + 1).$$

D'autre part l'égalité (2) étant supposée vraie pour le nombre c, nous avons

$$(a + b) + c = a + (b + c),$$

de sorte que nous pouvons écrire

$$[(a + b) + c] + 1 = [a + (b + c)] + 1$$
$$= a + [(b + c) + 1] = a + [b + (c + 1)],$$

et finalement,

$$(a + b) + (c + 1) = a + [b + (c + 1)]$$
$$\text{C. Q. F. D.}$$

2 — Loi de réversibilité. $a + b = b + a$.

Considérons d'abord le cas particulier où b est 1. L'égalité à démontrer est alors

(3) $$a + 1 = 1 + a$$

Remarquons que, pour $a = 1$, elle est vérifiée d'elle-même, les deux nombres désignant le résultat de la même opération $(1 + 1)$. Il suffit donc de montrer que, si elle est exacte pour un nombre a, elle l'est encore pour $a + 1$. Or, en vertu de (1), nous avons

$$(1 + a) + 1 = 1 + (a + 1).$$

Admettons que l'égalité (3) soit exacte pour a, nous pouvons écrire

$$(1 + a) + 1 = (a + 1) + 1,$$

rien ne soit changé à la théorie de l'addition des nombres. Sur cette base unique et si simple, la notion de l'antériorité d'un fait par rapport à un autre, se trouvera donc construite rationnellement toute l'arith-

et, par suite,

$$1 + (a + 1) = (a + 1) + 1.$$

L'égalité (3) est donc établie pour tout nombre mis à la place de a.

Passons maintenant au cas général: b est quelconque. Comme l'égalité à établir est déjà démontrée pour le cas où b est 1, il suffit de faire voir que, si elle est exacte pour un nombre b, elle l'est pour $b + 1$. Or, en vertu de (1), nous avons

$$(a + b) + 1 = a + (b + 1)$$

Supposant notre égalité exacte pour b, et nous appuyant sur (3), nous pouvons écrire

$$(a + b) + 1 = (b + a) + 1 = 1 + (b + a)$$
$$= (1 + b) + a = (b + 1) + a$$

Donc

$$a + (b + 1) = (b + 1) + a.$$

C. Q. F. D.

3. — Si l'on remplace l'un des deux nombres par un autre qui lui soit inégal, le résultat de l'addition sera aussi inégal au premier.

Observons d'abord que nos définitions premières ont pour conséquence immédiate que, si deux nombres sont inégaux, et, par suite, si l'un est supérieur à l'autre, il existe un nombre déterminé qui, ajouté au second, fournit le premier, et, réciproquement, ce fait suffit à établir que les deux nombres sont inégaux.

Dès lors, soit f un nombre supérieur à a, et désignons par b le nombre tel que l'on ait

$$a + b = f$$

Nous avons :

$$c + f = c + (a + b) = (c + a) + b$$

$c + a$ est donc nécessairement différent de $c + f$. Deux nombres inégaux ajoutés au même nombre donnent des résultats inégaux.

En outre, puisque

$$c + f = f + c$$

et

$$c + a = a + c,$$

nous avons :

$$f + c = (a + c) + b$$

$f + c$ et $a + c$ sont inégaux : le même nombre ajouté à des nombres inégaux fournit des résultats inégaux.

L'addition, telle que nous l'avons définie, se confond donc par toutes ses conséquences avec celle qui avait son origine dans l'intuition directe des collections d'objets.

métique, et, comme on va le voir, l'analyse tout entière.

B. — La quantité algébrique.

L'algèbre n'est tout d'abord qu'une arithmétique où
les nombres sont remplacés par des lettres, et où une
formule, c'est-à-dire un tableau d'opérations à effectuer, se substitue au résultat numérique particulier,
dans la solution d'un problème. Un symbole nouveau
et propre à l'algèbre prend naissance avec les quantités
négatives. Quelle en est l'origine ? C'est sans doute la
considération des grandeurs susceptibles de varier
dans deux sens opposés, comme une distance ou une
durée. Si l'inconnue d'un problème doit se calculer par
la formule $x = a - b$, et que b soit plus grand que a,
le problème n'admet pas de solution. Mais, dans le cas
particulier où il s'agit d'une de ces quantités qu'on peut
mesurer, à partir d'un état déterminé, dans deux directions contraires, on reconnaît que la solution $x = b - a$
répond à un problème ne différant du premier que par
le sens où on fait varier l'inconnue. Plus généralement,
l'idée paraît naturelle de compter certaines grandeurs
positivement dans un sens, négativement dans l'autre,
partout où elles interviennent, et on n'a pas de peine à
vérifier, dans une foule de questions, que cette convention généralise et simplifie, en permettant de résoudre
par une formule unique un certain nombre de problèmes distincts. Mais en laissant subsister le lien qui
unit les nombres négatifs aux grandeurs elles-mêmes,
on peut difficilement éclaircir avec rigueur tous les
points qui s'y rattachent. On sait tous les fantômes et
toutes les obscurités que les meilleurs esprits se sont
déclarés impuissants à dissiper; c'est précisément que
pour eux la quantité négative était l'être nécessaire, le
substratum indispensable que désigne le symbole.

L'interprétation des calculs devient alors fort difficile.
Comment justifier seulement la règle de multiplication
des nombres négatifs? Comment même en donner le
sens? Aujourd'hui tous les nuages ont disparu grâce à
la séparation nettement tranchée entre un pur symbolisme d'une part, et, de l'autre, les interprétations possibles ou impossibles suivant les conditions concrètes.
En peu de mots, voici comment se définissent maintenant les nombres négatifs ainsi que les opérations effectuées sur eux.

En choisissant d'abord les valeurs numériques attribuées aux lettres de telle façon que tous les calculs
indiqués par les signes algébriques puissent se faire
normalement, on appelle somme, différence, produit
de deux polynomes (1), un nouveau polynome dont la
valeur numérique soit la somme, ou la différence, ou
le produit des premiers, après la substitution des
nombres aux lettres. Les règles qui fourniront le nouveau polynome se déduisent de là tout naturellement.
On supprime alors la restriction qui limitait le choix
des valeurs attribuées aux lettres. Le sens des calculs
et des raisonnements que l'on a faits disparaît en même
temps, une définition va y suppléer : on appellera
somme, différence, produit de deux polynomes, le polynome nouveau formé à l'aide des premiers, en vertu
des règles précédemment obtenues. L'application mécanique de ces règles, abstraction faite de toute signification des lettres ou des calculs, servira toute seule à
déterminer ici le but et le résultat de chaque opération.
Les nombres négatifs, purs symboles de la forme — N
(où N est nombre quelconque, entier, fractionnaire ou
incommensurable), seront enfin posés comme des polynomes réduits à un terme, de sorte que les opéra-

---

(1) Suites de termes de la forme A $+$ B — C..... où A, B, C..... sont
des produits de facteurs.

tions principales effectuées sur eux se trouvent complètement définies. Les égalités portant sur des expressions où entrent de pareils nombres se trouvent définies par les règles de calcul elles-mêmes qui, effectuées dans chacun des deux membres, donnent de part et d'autre même résultat. L'inégalité a besoin d'une définition nouvelle : on dira que l'on a $A > B$, A et B désignant des nombres quelconques (positifs ou négatifs), si la différence $A - B$ est un nombre positif; au contraire, on dira que l'on a $A < B$, si A — B est un nombre négatif. Comme conséquence, il est clair que : 1° tout nombre positif est plus grand qu'un nombre négatif quelconque; 2° de deux nombres négatifs, le plus grand est celui qui est formé avec le plus petit nombre arithmétique.

Ainsi se trouve construite une série illimitée de signes partant de zéro et se succédant en ordre inverse des nombres arithmétiques; avec la série de ces nombres, elle forme une échelle double de symboles allant dans deux sens contraires de zéro à l'infini : celle précisément sans doute à laquelle conduisait l'intuition d'une distance variable, comptée à partir d'un point fixe dans deux directions opposées. Mais l'analyse a voulu la reconstruire pour elle, sauf à laisser le soin, à quiconque en fera une application concrète, de justifier la légitimité de son application.

Après le nombre négatif, c'est le nombre imaginaire qui s'introduit tout naturellement, à l'occasion de ce problème simple : Trouver un nombre dont le carré soit A. Si A est positif, l'arithmétique donne un nombre a entier, fractionnaire ou incommensurable, répondant à la question, et l'algèbre se contente d'y joindre — a, dont le carré est le même. Mais, si A est négatif, il n'existe plus aucun nombre défini jusqu'ici, positif ou négatif, qui, multiplié par lui-même, reproduise A ; autant vaut dire que le problème posé ne peut se résoudre avec les symboles jusqu'ici introduits : qu'à cela ne tienne, on créera un symbole nouveau dont le carré soit un nombre négatif, et les nombres *imaginaires* naîtront ainsi. Cette fois, il n'est pas facile aux esprits les plus acharnés à chercher l'être, la chose sous le signe, de trouver un substratum concret représenté par le symbole imaginaire, comme une collection d'objets l'était par le nombre entier : et de là viennent toutes les difficultés qui ont paru surgir par l'introduction des imaginaires. Mais, au fond, l'analyse n'a pas brusquement ici changé sa méthode, comme on pourrait le croire. Elle ne se trouve vraiment chez elle qu'au milieu de purs symboles, dont elle fixe elle-même les relations. Le nombre imaginaire arrive pour elle aussi naturellement que le nombre entier, celui-ci est un signe comme celui-là ; ni l'un ni l'autre ne prennent de signification permettant un usage pratique que lorsque l'esprit vient placer sous le langage symbolique une interprétation appropriée à l'usage qu'il en veut faire.

On trouve encore chez quelques mathématiciens l'idée qu'il n'y a pas de convention arbitraire dans cette propriété de — 1, d'être le carré de $\sqrt{-1}$. Nous craignons qu'ils ne soient victimes d'une erreur due à la persistance du signe $\sqrt{}$. Sans convention, $\sqrt{-1}$ ne signifie rien, l'opération que rappelle ce signe n'étant définie que s'il porte sur un nombre positif. Sans doute, la convention sera naturellement amenée, cela est clair ; mais, quant à affirmer sa nécessité, c'est méconnaître le caractère même de l'analyse.

Du reste, bien qu'il ne se cache, à l'origine de la quantité imaginaire, aucune quantité concrète, l'analyse fait même disparaître toute trace de cette origine, expérimentale jusqu'à un certain point (l'expérience portant ici sur des résultats de calcul). Et voici comment elle procède :

Sera dite quantité imaginaire toute expression de la forme $a + b\sqrt{-1}$, ou encore, pour simplifier l'écriture, $a + bi$, où a et b sont des nombres positifs ou négatifs, et i un symbole auquel on convient d'appliquer toutes les règles de calcul algébrique, sauf que son carré se remplacera par -1. L'égalité $a + bi = a' + b'i$ signifiera, par définition $\begin{cases} a = a' \\ \text{et } b = b'. \end{cases}$

Ces définitions suffisent pour que des calculs de différentes sortes, effectués sur des imaginaires, se dégagent une foule de relations souvent très précieuses, non seulement pour l'analyse, qui y puise des transformations commodes de certaines expressions algébriques, mais pour l'arithmétique même et le domaine des nombres réels. Comment cela est-il possible? Comment le symbole i ne gêne-t-il pas? Mais en quoi gênerait-il, puisque toute égalité où il entre se dédouble en deux relations entre quantités réelles?

Du reste, le symbole $a + bi$ trouve une représentation géométrique simple sur laquelle nous n'avons pas à insister : Qu'y a-t-il là que de très naturel? L'esprit ne peut-il essayer, — et cela de bien des manières, — de faire correspondre, par d'ingénieuses conventions, un symbole, quel qu'il soit, à certaines réalités concrètes?

C. — Fonction.

La notion de fonction est tout d'abord cette idée générale de relation entre deux phénomènes quelconques, suivant laquelle l'un variant, l'autre varie aussi. Cette notion s'applique d'abord aux grandeurs concrètes qui figurent dans ces phénomènes. C'est ainsi qu'on dira : Le temps nécessaire pour creuser une tranchée dépend, est *fonction* du nombre des ouvriers employés, du nombre d'heures dont se compose leur journée, de leur force musculaire, de la nature plus ou moins résistante du terrain, etc. On prévoit quelle va être la première transformation qu'imposera l'analyse à cette idée : tout phénomène, toute grandeur concrète vont disparaître. Une quantité y sera fonction d'une autre, x, si y est donné comme expression algébrique où entre x, c'est-à-dire comme résultat d'une suite de calculs à effectuer sur des nombres quelconques, parmi lesquels se trouve x. Exemple, $y = \frac{x^2 - x + 2}{x + 7}$.

Les opérations peuvent d'ailleurs sortir du cadre des calculs algébriques proprement dits. C'est ainsi que viennent s'ajouter les fonctions dites transcendantes, telles que, $y = a^x$, $y = \log x$, les fonctions trigonométriques, *sinus*, *cosinus*, etc. C'est ainsi encore qu'aux opérations ordinaires s'ajoutent celles de différentiation et d'intégration.

La fonction exponentielle, $y = a^x$, s'introduit tout naturellement. L'arithmétique définit le sens de a^x ($a > o$) si x prend une valeur entière : l'analyse donne une signification à ce symbole pour x fractionnaire, incommensurable, négatif. La fonction logarithmique, $y = \log x$, se pose comme l'inverse de la précédente, c'est-à-dire que, si l'on a $y = a^x$, x sera, par définition, logarithme de y.

Les fonctions trigonométriques ont leur origine dans l'intuition géométrique. Elles désignent d'abord des rapports de longueurs servant à introduire les angles dans les calculs. Mais toutes ces fonctions $\sin x$, $\cos x$, etc., se développent en séries convergentes, dont chaque terme est de la forme $a \times x^m$, et l'analyse n'a pas de peine à les faire siennes, à les reconstruire sans préoccupation intuitive, en partant de ces séries pour les définir. Le calcul des séries convergentes permet ensuite de retrouver les relations fondamentales que la considération directe des arcs de cercle avait d'abord fait connaître; et finalement les fonctions trigonométriques se trouvent venir après les autres, sans qu'aucune trace de discontinuité se laisse voir dans l'échaufage ainsi construit.

La différentiation d'une fonction, quoique trouvant son interprétation intuitive dans le problème de la tangente à une courbe, ou de la vitesse dans un mouvement non uniforme, se définit aisément par la résolution d'un problème d'algèbre pure : recherche de la limite d'un rapport dont les deux termes tendent simultanément vers zéro.

L'*intégrale définie*, d'abord apparue comme exprimant une aire limitée par un arc de courbe et certaines droites, finit, elle aussi, par se dégager de tout élément concret. Elle se prête aujourd'hui à une définition purement symbolique et se pose comme la limite d'une somme de termes dont le nombre croît indéfiniment, tandis que chacun tend vers zéro; toutes les propriétés de l'intégrale peuvent s'établir sans qu'on revienne jamais à la représentation concrète.

Bien d'autres fonctions naissent de la considération de certaines intégrales, bien d'autres se formeront à l'avénir : quelle que soit leur origine, quelle que soit l'occasion que l'expérience offre de les envisager, leur définition, par l'analyse et pour l'analyse, se fait de telle sorte qu'elles continuent naturellement la construction abstraite qu'édifie le mathématicien.

Dans la définition nouvelle de toute fonction, x est d'abord un nombre positif ou négatif : par une généralisation naturelle, la signification purement symbolique s'étend aisément au cas où x prend une valeur imaginaire.

Enfin, l'idée de fonction subit une dernière transformation : s'éloignant encore davantage, si c'est possible, de tout lien impératif entre une donnée, fût-ce une formule, et la signification qui en résulte, supprimant toute espèce de signe permanent de fonction, l'analyse reconnaît y pour fonction de x, si seulement il plaît à l'esprit de décider que y prendra telles ou telles valeurs pour telles ou telles valeurs de x. Exemple : décidons que y sera égale à $\frac{1}{n}$, lorsque x prendra une valeur entière quelconque, n, que y sera $\sqrt{2}$ pour toute valeur fractionnaire de x, égale à 1 pour $x = 0$. L'ensemble des valeurs de y que nous venons par décret, pour ainsi dire, de faire correspondre à x, forme une fonction. On sent ici d'une façon saisissante, quelle évolution a subie la notion depuis son origine concrète jusqu'à cet état de construction artificielle et arbitraire.

D. — Continuité.

L'idée première a son origine dans l'intuition d'une étendue ou d'une durée. En quoi consiste-t-elle au fond ? Dans les discussions philosophiques, la continuité d'une grandeur concrète est le plus souvent la divisibilité indéfinie, ou la propriété de pouvoir descendre au-dessous de toute quantité assignable. La notion qui va pénétrer dans le domaine de l'analyse exige quelque chose de plus. Imaginons, en effet, une sorte de grandeur telle que, une fois choisi pour unité un état particulier de la grandeur, elle ne nous fournisse, en variant de toutes les manières possibles, que des états mesurés par des nombres de la forme $\frac{1}{N}$, où N est un entier. Si nous admettons que toute détermination de la grandeur, correspondant à un pareil nombre, existe, on ne saurait nier qu'elle puisse descendre au-dessous de toute quantité. Il suffira, en effet, de choisir N assez grand. Nous ne pourrons pas cependant attribuer à cette grandeur la continuité mathématique, parce que, entre deux valeurs consécutives que nous en connaissons, $\frac{1}{N}, \frac{1}{N+1}$, nous en imaginons une infinité d'autres qu'elle ne prend certainement pas. Faisons un pas de plus et supposons que notre grandeur passe par tous les états commensurables sans pouvoir jamais (toujours par rapport à l'unité spéciale) devenir incommensurable : La discontinuité persiste, quoique les trous, pour ainsi dire, nous paraissent moins considérables. On peut varier encore les hypothèses et admettre, par exemple, que la grandeur soit susceptible de correspondre à tout nombre entier, fractionnaire, incommensurable, sauf aux nombres fractionnaires de la forme $\frac{1}{N}$, ou encore sauf aux nombres incommensurables de la forme $\sqrt{N}$, etc. Dans tous ces cas-là, nous ne pouvons pas faire correspondre la variation de la grandeur à celle d'une étendue rectiligne, par exemple, et nous avons la sensation de trous, de vides, qui nous empêchent d'appeler la grandeur *continue.*

Est continue, dit-on quelquefois (1), toute quantité qui, entre deux états quelconques, peut passer par tous les états intermédiaires. Mais comment comprendre ces mots *tous les états intermédiaires?* S'il s'agissait seulement des états intermédiaires existant pour elle, toute quantité répondrait à cette définition qui ne postulerait aucune propriété spéciale. Il faut évidemment entendre par *tous les états intermédiaires* tous ceux que peut prendre une grandeur continue, et alors la définition ne s'applique vraiment qu'aux quantités continues, mais ne nous apprend rien sur les conditions qu'elle exige. Elle revient à la suivante : Est continue toute quantité qui est continue. Cependant il suffira de se re-

---

(1) DUHAMEL, par exemple (*les Méthodes dans les sciences de rai-sonnement*).

porter à une grandeur prise pour type de la continuité, telle que l'étendue rectiligne, et la définition deviendra plus claire. Mais elle repose sur une vue intuitive. Or l'analyse, en élaborant la notion du nombre, a abouti précisément à la substitution d'une échelle de symboles à la suite des états d'une longueur continue. Rien n'est donc plus simple que d'entendre par « tous les états intermédiaires » tous les états mesurés par les nombres commensurables ou incommensurables que l'analyse peut construire entre deux nombres donnés. Et ainsi non seulement nous ne nous fonderons plus sur la vue intuitive de l'étendue rectiligne, mais, par un renversement permis dans nos constructions logiques, les états de l'étendue rectiligne elle-même seront, par définition, ceux qui correspondront aux nombres de notre échelle.

Supprimons enfin la quantité concrète variable et n'envisageons que le symbole x : nous dirons que la variation de x est continue, si x s'identifie avec le nombre algébrique, positif ou négatif, tel que l'analyse l'a créé et généralisé.

Mais il s'agit jusqu'ici de ce qu'on pourrait appeler la continuité absolue, la continuité de la variable arbitraire. La notion la plus féconde en analyse est celle de la continuité relative, ou de la continuité de la fonction. Considérons une fonction y de x. La continuité de y est tout naturellement la continuité de la suite des valeurs qu'elle prend, lorsque x varie d'une manière continue, la propriété, si on veut, de passer par toute valeur comprise entre deux de ses valeurs particulières. Mais il reste dans cette notion comme un vague appel à la représentation concrète de la quantité qui devient, qui s'écoule, donnant naissance à une suite d'états. L'analyse a transformé cette définition, et voici comment s'expriment les traités actuels : On dit que la fonction de x, $f(x)$ est continue pour une valeur a donnée à x, s'il

existe un nombre α tel que, pour toute valeur *h* moindre
en valeur absolue que α, la différence $f(a+h) - f(a)$
soit elle-même inférieure, en valeur absolue, à un
nombre fixé d'avance, aussi petit qu'on veut. — *x* prenant ensuite toute valeur comprise entre 1 et 3, par
exemple, la fonction est continue dans cet intervalle si
elle l'est pour chaque valeur de *x*. Il est aisé de voir
que toute fonction continue dans ce sens nouveau,
prend bien toute valeur comprise entre deux particulières quelconques.

On sent avec quel soin l'analyse résout, décompose
le continu, avec quel soin, pourrait-on dire, elle le supprime. Elle détruit tout ce qui, de près ou de loin, res-
semble à une suite, à une trame ininterrompue. Si on
y emploie parfois cette expression : *toutes* les valeurs
comprises entre *a* et *b*, *toutes* les valeurs de la fonction, etc., c'est une façon de parler signifiant seulement:
une valeur quelconque comprise entre *a* et *b*, une valeur quelconque de la fonction, etc. Non seulement le
concept de tout nombre, ou d'un nombre quelconque
parmi une infinité de possibles, est absolument clair
par lui-même, mais encore, à mesure que s'affine le
sentiment de la rigueur, il s'impose pour être substitué
à la notion confuse de suite ou d'ensemble.

E. — La limite.

Nous avons déjà parlé de limite : il convient de revenir sur cette notion fondamentale, qui sert de base au
calcul de l'infini.

Elle est primitivement empruntée à des phénomènes
naturels, où une suite graduée de changements se présente comme aboutissant à un terme final, comme limitée par ce terme. La nuit absolue qui succède au cré-
puscule peut se poser comme terme de la décroissance
de la lueur du jour. Le débit d'une source diminuant

jusqu'à épuisement, le tarissement de la source se présentera comme la limite de cette diminution, etc. La
notion, pour passer de ce premier degré naturel et concret à l'état où l'utilise la mathématique déductive, se
dépouille de tous les éléments intuitifs.

L'idée de limite ne s'appliquera d'abord rigoureusement qu'à la quantité. On pourra dire, dans un langage
imagé, que le polygone inscrit dans un cercle, dont les
côtés tendent simultanément vers zéro, leur nombre
augmentant indéfiniment, a pour limite la circonférence ; qu'une ellipse dont les axes croissent indéfiniment, dans des conditions déterminées, a pour limite
une parabole, etc. Ce sont là façons de parler exprimant
que telles quantités ont telles limites, et les quantités
sont ici celles dont les figures ou les formes sont l'occasion ; ainsi, l'aire du cercle, la longueur de sa circonférence, son rayon, etc. C'est, par exemple, la longueur
du périmètre du polygone inscrit qui a pour limite la
longueur de la circonférence ; c'est l'aire du polygone
qui a pour limite l'aire du cercle ; c'est la longueur de
l'apothème qui a pour limite le rayon. De même, dans le
cas de l'ellipse variable, c'est, par exemple, l'ordonnée
correspondant à une abscisse déterminée qui a pour limite l'ordonnée de même abscisse dans la parabole, etc.
Cette première restriction, imposée à la limite, supprime
d'un coup ce qu'il y aurait évidemment d'inintelligible
dans la transformation qualitative d'une chose, d'une
forme, par exemple, en une autre d'espèce différente. La
mathématique rigoureuse n'envisage nullement des lignes brisées tendant à devenir courbes, pas plus que des
ellipses tendant à devenir paraboles. Le langage peut
subsister sous cette forme, l'idée que traduira l'analyse
sera complètement exempte de la variation qualitative.

Ce n'est pas tout. Le terme d'une variation quelconque, dans les phénomènes qui tombent sous. nos yeux, est véritablement atteint ; c'est même ainsi qu'il est connu et se pose comme limite : Nous voyons, par exemple, le pendule ébranlé parvenir à l'état de repos, qui nous apparaît comme limite d'un mouvement oscillatoire de plus en plus faible. Il y aurait dans ce fait d'une variation, décomposée en degrés infinitésimaux, et parvenant cependant à son terme, quelque chose d'incompréhensible. Entre la valeur 0,999....9 (quel que soit le nombre des 9) et la valeur 1, on conçoit une série illimitée de nouveaux nombres, où la suite des 9 se prolonge de plus en plus, sans que la valeur 1 soit jamais atteinte. Entre un polygone inscrit de n côtés [quel que soit n] et la circonférence où les côtés sont tous nuls, on conçoit de même un abîme infranchissable pour l'entendement. Tous ceux qui ont reproché à la méthode des limites ce saut pour ainsi dire vertigineux par-dessus un abîme infranchissable, ont-ils bien compris que l'analyse mathématique sait se mettre à l'abri de ce reproche ? Ce passage à la limite d'une quantité variable, ce fait que la quantité parviendrait au dernier des états successifs qu'une variation illimitée nous donnerait à concevoir, est absolument étranger à la notion mathématique de la limite. Celle-ci porte exclusivement, par définition, sur ce que la différence entre la quantité variable et une certaine quantité fixe peut tomber au-dessous de toute valeur assignée arbitrairement. Ainsi, dire que 0,99.....9 a pour limite 1, quand le nombre des 9 augmente indéfiniment, cela signifie : Si petite que soit assignée d'avance une valeur numérique, je peux désigner un nombre de 9 à partir duquel la différence entre 1 et le nombre décimal reste inférieur à cette valeur.

Mais, objectera-t-on, lorsque d'une égalité entre variables $X = Y$ on tire que la limite de X est égale à la limite de Y, ne passe-t-on pas vraiment à la limite ? Ne suit-on pas séparément les variables jusqu'à les voir atteindre leurs limites respectives, pour dire ensuite : Ce qui était vrai en général reste vrai à la limite ! — Ce n'est qu'en apparence, ou pour exprimer parfois rapidement les faits, qu'on use d'un tel langage. Le raisonnement rigoureux est des plus simples : L désignant la limite de X, la différence entre X et L tombe au-dessous de toute valeur ; mais X étant constamment égal à Y, cette différence n'est autre que la différence entre Y et L, et, puisque celle-ci tombe au-dessous de toute valeur, L est limite de Y.

Et quoi, dira-t-on encore, si d'une proposition relative à une sécante on déduit quelque théorème relatif à la tangente, en un point d'une courbe, ne suit-on pas la rotation de la sécante autour du point considéré jusqu'à ce qu'elle devienne tangente ? Nullement; toute quantité se rapportant à la tangente (l'angle, par exemple, que fera sa direction avec un axe fixe) est posée comme limite de la quantité analogue relative à la sécante, en ce sens que la différence entre les deux éléments peut devenir aussi petite qu'on veut.

Ainsi, il ne faut pas s'y tromper : la notion de limite sur laquelle raisonne l'analyse laisse complètement en dehors d'elle le fait de savoir si la variable atteint sa limite. Cette question, évidemment inséparable de tout problème concret ou objectif, où il s'agit de limite, disparaît dans la notion mathématique. Avec elle disparaissent aussi les chimères qui ont empêché si longtemps, et de nos jours encore parfois, les meilleurs esprits de reconnaître la rigueur des calculs fondés sur l'idée de limite.

Et c'est toujours d'ailleurs, nous le constatons, au même prix que la rigueur est apparue : la notion a dû se dépouiller, pour l'analyse, non seulement de toute

idée de variation qualitative, comme nous l'avions
remarqué d'abord, mais encore d'un élément objectif
qui échappait à une compréhensibilité suffisante, *le
passage à la limite.*

F. — Lignes et surfaces.

L'algèbre s'est appliquée à la géométrie dès que, les
longueurs étant désignées par des lettres, il a plu à
quelque mathématicien de traduire un théorème de géométrie par une équation. Cela ne suffisait pas pour qu'une
géométrie analytique pût prendre naissance. Avant tout,
il fallait que toute relation entre quantités géométriques
pût s'exprimer algébriquement. Or, cette première condition exigeait elle-même un double progrès dans la
voie qui mène de la forme intuitive à l'intelligible.

D'une part, les angles, qui figurent en même temps
que les longueurs dans les relations, devaient trouver
pour substituts ces éléments nouveaux qu'a introduits
la trigonométrie, et qui sont des rapports de longueurs.

D'autre part, il fallait donner un sens aux expressions
algébriques quelconques portant sur des longueurs.
Expliquons-nous. Si a et b désignent deux longueurs,
$a+b$, $a-b$ représentent de nouvelles longueurs clairement définies. Que désignait le produit $a \times b$ pour les
prédécesseurs de Descartes? Le rectangle qui a pour
côtés a, b. — $a \times a \times a$ était le cube construit sur la
longueur a. Jusque-là, c'est fort bien; mais à ne pas
sortir de la représentation intuitive de quelque être géométrique spécial répondant à l'expression littérale, on
ne saurait aller bien loin. Que pourrait bien signifier,
par exemple, le produit $a \times b \times c \times d$? Ce n'est pas un
des moindres titres de Descartes à notre admiration,
que d'avoir dispensé désormais toute expression, portant
ainsi sur des longueurs, de la nécessité d'une interprétation concrète spéciale, en donnant le moyen de cons-

truire, dans chaque cas, une longueur correspondante.
Soit u la longueur égale à 1, c'est-à-dire l'unité choisie,
$a \times b$ désignera la longueur x telle que l'on ait la pro-
portion $\frac{x}{a} = \frac{b}{u}$; le produit $a \times b \times c$ représentera une
nouvelle longueur y telle que l'on ait : $\frac{y}{x} = \frac{c}{u}$ (x étant la
longueur qui représente $a \times b$); et ainsi de suite. Il n'y
aurait qu'à substituer aux longueurs les nombres qui les
mesurent, et toute expression algébrique portant sur des
longueurs pourrait devenir purement et simplement un
nombre. Mais la conception de Descartes, pour qui en
somme la longueur jouait le rôle de la quantité type, suffisait en tout cas pour que le passage d'une relation géométrique à une relation algébrique ne rencontrât plus
de difficultés, et pour que la géométrie analytique prît
naissance.

Après qu'on a choisi un système de coordonnées pour
tout point du plan, par exemple ses distances à deux
droites fixes, il devient possible de traduire par une
relation entre ces coordonnées la propriété caractéristi-
que du point qui décrit une courbe, ou inversement de
concevoir une courbe, lieu des points dont les coordonnées sont liées par une équation donnée.

Ce progrès immense dans l'évolution des idées va
profiter à la géométrie, mais bien plus encore à l'analyse. Celle-ci va s'assimiler les êtres géométriques, qui
seront pour elles des représentations graphiques de
fonctions. Dans la figure concrète, c'est la fonction et
ses propriétés qui l'intéressent : aussi les lignes de la
géométrie plane deviennent-elles pour elle des lieux de
points dont les coordonnées sont l'une une certaine
fonction déterminée de l'autre. Par des considérations
analogues, trois coordonnées correspondant à un point
de l'espace, une surface devient simplement un lieu de
points, dont une coordonnée est une fonction déterminée des deux autres ; une ligne, dans l'espace, un lieu

de points dont deux coordonnées sont des fonctions de la troisième. — Il va sans dire qu'à la distance où nous sommes de la quantité concrète, les points, les lignes et les surfaces *imaginaires* s'introduisent tout naturellement, ainsi d'ailleurs que se forme, par une généralisation facile, le concept de l'espace à n dimensions.

CHAPITRE III

ROLE DES MATHÉMATIQUES DANS LA SCIENCE GÉNÉRALE

Les mathématiques, quand elles sortent du domaine restreint de l'analyse et de la géométrie, ne changent pas leur méthode. Mais alors l'emprunt fait au monde de l'expérience, qui sert de préface à chaque application, est clairement visible. La préoccupation de rattacher toute branche nouvelle au tronc primitif, de résoudre les données spéciales de chaque cas en éléments pouvant se définir à l'aide des notions abstraites déjà acquises est parfois peu apparente. La mathématique peut sembler perdre son originalité propre et manier dans ses équations ou ses formules autre chose que la quantité pure. Il importe donc d'insister sur ce point, que, là où elle pénètre, elle reste fidèle à sa méthode première.

I

Pour choisir un exemple se prêtant plus particulièrement à l'expression de notre pensée, portons notre attention sur la science du mouvement,

Tous les traités énoncent au début de la dynamique trois principes fondamentaux. D'abord la loi d'inertie : un corps persiste indéfiniment dans son état de repos ou de mouvement rectiligne uniforme, si aucune force ne vient agir sur lui.

En second lieu, le principe de l'égalité entre l'action et la réaction : Si un point matériel A est soumis à une force émanant d'un second point B, réciproquement du point A émane une force égale et de sens contraire agissant sur B.

Enfin, le principe des mouvements relatifs : Lorsqu'un système de points est animé d'un mouvement de translation, une force venant à agir sur l'un des points du système lui imprime un mouvement indépendant du mouvement de translation.

Quelle est la nature de ces principes? Faut-il y voir des vérités intuitives qui puissent frapper par leur évidence tout être qui pense? Nous ne supposons pas que personne ait songé sérieusement à le soutenir, et, en tout cas, il nous suffira, pour dissiper tous les doutes, de constater la tardive apparition de ces principes dans l'histoire des idées Sans dire exactement qui le premier a énoncé chacun d'eux (ce qui ne semble facile que pour le second, dû à Newton), il est permis d'affirmer qu'ils ne sont pas antérieurs à Galilée. Loin donc qu'ils constituent des vérités que notre entendement doive saisir d'un coup, ils ont exigé, pour apparaître, qu'après de longs siècles de méditation la pensée humaine eût atteint un degré suffisant de maturité.

Tout au moins depuis que le génie de Galilée, de Kepler, de Huyghens, de Newton a inscrit ces principes au seuil d'une science qui progresse tous les jours, comment leur certitude s'impose-t-elle à notre esprit?

Sommes-nous capables de les démontrer par la seule force du raisonnement? A lire certaines méditations sur ce sujet, on croirait vraiment que cette illusion a pu quelquefois se produire.

« Soit un corps seul et en repos, dit Euler, on demande s'il demeurera en repos ou s'il commencera à se mouvoir. Comme il n'y a aucune raison qui le porte à se mouvoir d'un côté plutôt que d'un autre, on conclut qu'il demeurera toujours en repos..... Donc, quand nous voyons qu'un corps qui a été en repos commence à se mouvoir, nous pouvons être assurés que ce mouvement a été causé par une force externe capable de le mettre en mouvement, et que ce corps, s'il était seul et sans communication avec d'autres corps, serait toujours resté en repos (1). » — Voilà pour la première partie de la loi d'inertie, celle qui concerne la conservation du repos. Quant à la deuxième partie, celle qui vise la conservation de la direction et de la vitesse : « Examinons, dit Euler, si *par la voie du raisonnement nous pouvons parvenir à la décision de cette question* (2). » Et de fait, après avoir donné quelques définitions indispensables pour la clarté, il prétend bien résoudre la question par le raisonnement que voici : « On ne saurait concevoir pourquoi le corps se détournerait de sa route d'un côté plutôt que d'un autre; donc, puisque rien n'arrive sans raison, il s'ensuit que le corps en question conservera toujours la même direction..... De la même manière, on soutient aussi que la vitesse du corps dont je parle ne saurait changer, parce qu'il faudrait qu'elle augmentât ou qu'elle diminuât, mais il n'y aurait aucune raison qui pourrait produire un tel changement, d'où l'on conclut que ce corps con-

---

(1) EULER, *Lettres à une princesse d'Allemagne*, 2ᵉ partie, lettre III.
(2) EULER, Lettre IV.

tinuera toujours à se mouvoir avec la même vitesse et suivant la même direction. »

L'insuffisance de cette prétendue démonstration est trop frappante pour qu'il soit nécessaire de beaucoup insister. « Il n'y a pas de raison pour que..... » ne signifie en réalité que ceci : « Nous ne voyons pas de raison pour que..... » Ce n'est même pas ici l'inconcevabilité de la négative qui déterminerait l'assentiment, c'est la simple difficulté de la démontrer, ou d'en donner une raison.

Mais alors, si la démonstration à priori de nos principes implique une illusion, à quelle source puisent-ils le caractère de certitude que nous leur accordons? La plupart des savants et des philosophes qui ont eu à se prononcer sur ce point ont affirmé que ce sont des vérités d'expérience. A propos de la loi d'inertie, Aug. Comte, par exemple, a écrit : « Elle ne saurait avoir de réalité qu'autant qu'on la conçoit comme basée sur l'observation. Mais, sous ce point de vue, *l'exactitude en est évidente*, d'après les faits les plus communs, etc. (1) »

Il serait difficile de contester l'origine expérimentale des lois sur lesquelles repose la mécanique. Il est trop clair, et l'histoire le prouve suffisamment, qu'elles ont attendu, pour naître, le triomphe définitif de la méthode expérimentale. Si elles n'ont pas été tout d'abord énoncées avec une clarté parfaite, elles ont jailli spontanément, pour ainsi dire, des travaux de Galilée sur la chute des corps. Mais, en acceptant que l'observation les ait suggérées, nous n'admettons nullement qu'elle soit capable de les démontrer, et nous ne comprenons même pas comment cela serait possible. Il entre, en effet, dans les énoncés de ces lois, des notions dont la

(1) *Cours de philosophie positive*, XV° leçon.

réalité concrète échappe à toute observation. Saurons-nous jamais, en présence d'un point matériel au repos ou en mouvement, à quelles forces il est ou n'est pas soumis?

Auguste Comte nous semble mille fois plus clair quand il dit : « Tous les faits nous prouvent que, si le mouvement primitivement imprimé se ralentit toujours graduellement et finit par s'éteindre entièrement, cela provient des résistances que les corps rencontrent sans cesse, et sans lesquelles *l'expérience nous porte à penser* que la vitesse demeurerait indéfiniment constante, puisque nous voyons augmenter sensiblement la durée de ce mouvement à mesure que nous diminuons l'intensité de ces obstacles. »

Cette façon de parler : « nous porte à penser », implique le sentiment assez vif de l'impuissance à tirer de l'expérience une démonstration directe, et nous croyons inutile d'y insister davantage.

Que sont donc enfin ces principes de la dynamique? Ils sont cette expression spéciale d'idées suggérées par l'expérience, qui tient le milieu entre le sensible et l'intelligible, qui d'une part emprunte assez à l'observation directe des phénomènes pour faire pressentir la fécondité du principe, et d'autre part renferme assez d'éléments idéaux pour permettre à la mathématique pure de fonder sur eux, sans rien perdre de sa rigueur, un chapitre nouveau. Postulats de l'expérience, vis-à-vis de cette mathématique à laquelle ils ont ménagé l'accès, ils vont être, disons le mot, de simples *définitions*.

Une fois posées les définitions de la vitesse et de l'accélération par des considérations purement géométriques, n'était la signification spéciale du paramètre t, le temps, quantité dont nous parlerons tout à l'heure, la loi de l'inertie énonce les conditions où *on dira* qu'un point matériel est soumis à une force.

Par définition, une force agira toutes les fois que le mouvement d'un point ne sera pas rectiligne et uniforme, c'est-à-dire toutes les fois que la direction ou la valeur de la vitesse varieront.

Le cas du mouvement rectiligne uniformément varié se trouve, en vertu des conventions déjà faites, correspondre à une force constante. La démonstration tirée de la loi des mouvements relatifs y ramène par un chemin si court, qu'on pourrait, sans changer grand'chose à la suite des idées, énoncer ici une définition au lieu d'un théorème. Bref, la mécanique va procéder comme si on avait posé dès le début qu'un point, animé d'un mouvement uniformément varié, sera dit soumis à une force constante et proportionnelle à la vitesse imprimée après l'unité de temps. Le rapport constant de l'intensité de la force à cette vitesse, qui se trouve être ici l'accélération, est ce qu'on appelle la *masse* du point matériel.

Quand le mouvement d'un point est rectiligne, mais non plus uniformément varié, on dit qu'il est soumis à une force variable, dirigée dans le sens du mouvement, et égale à chaque instant à la force qui communiquerait à ce point de masse déterminée l'accélération correspondant à cet instant; en d'autres termes, si l'on tient compte de la définition de la masse, cela revient à définir l'intensité de la force : le produit de la masse par l'accélération. Enfin, dans le cas du mouvement curviligne, on arrive à cette double notion de l'intensité de la force (à savoir, le produit de la masse par l'accélération) et de sa direction (à savoir, celle de l'accélération), et cette double notion peut être envisagée comme contenant alors la définition de la force qui, dans le mouvement le plus général, agit à chaque instant sur le point matériel.

Nous sommes loin, on le voit, de l'idée métaphysique de la force, envisagée comme cause du mouvement. Il est tout naturel que la science positive rejette au même titre que les autres ce noumène spécial et qu'ici, comme dans toutes les occasions où le principe de causalité semble jouer un rôle, elle exclue toute considération métaphysique. Et, en vérité, ce but est si complètement atteint, qu'un traité de mécanique, suivant la judicieuse remarque de M. Calinon, se comprend aussi bien dans les deux hypothèses où la force est cause du mouvement et où elle en est, au contraire, la conséquence (1). « La force, dit encore M. Calinon est, comme la vitesse et l'accélération, une circonstance du mouvement; il y a entre la force et le mouvement, non pas relation de cause à effet, mais dépendance, comme, par exemple, entre le rayon d'un cercle et sa surface. » On ne saurait mieux dire ; mais ce qui nous intéresse particulièrement et sur quoi nous voulons attirer l'attention, c'est le caractère mathématique de cette *circonstance* qui se nomme la force. Non seulement elle a perdu toute signification métaphysique, mais encore elle porte à un très haut degré la marque d'une création de l'esprit. Suggéré par l'observation des mouvements, cet élément n'en est pas moins défini par le mathématicien en direction et en quantité de telle manière que la notion en soit désormais adéquate à cette définition. Comme la vitesse, comme l'accélération, à propos des phénomènes de mouvement, comme la longueur de la circonférence en géométrie, à propos de la circonférence, l'idée de force, dès qu'elle pénètre dans le domaine propre du principe de contradiction, devient un concept délimité par l'esprit qui en dicte lui-même le contenu.

Mais nous n'avons rien dit jusqu'ici d'un élément dont dépendent les lois fondamentales de la méca-

(1) *Revue philosophique*, mars 1887.

nique, et par suite dont dépend aussi la notion de la force. Le « temps » entre dans les définitions de la vitesse et de l'accélération. A la vérité, il n'est pas nécessaire de donner un sens concret à la quantité désignée par t dans les équations de la dynamique pour qu'elles aient en elles-mêmes une signification. Il suffit seulement d'y voir une variable continue susceptible de prendre toutes les valeurs réelles positives et négatives. Mais ces équations ne devant s'écrire qu'à l'occasion de phénomènes concrets de mouvements observés, il faut bien indiquer le moyen de mesurer cette quantité variable. D'un autre point de vue, on peut dire que, si les lois fondamentales ont été suggérées par l'observation, il a bien fallu dans les phénomènes observés connaître chaque fois les valeurs de t. Le temps est, comme la force, une circonstance du mouvement, mais c'est celle qui, s'ajoutant aux circonstances purement géométriques, permet à la mécanique de sortir de la géométrie pure, et à la cinématique de naître et de s'appliquer. Il lui faut nécessairement une définition concrète. L'idée toute naturelle de mesurer le temps d'après un mouvement périodique facilement observable, dont les phases successives représentent par convention des temps égaux, est certainement fort ancienne, et le mouvement diurne s'est sans doute offert de lui-même aux premiers penseurs qu'a préoccupés cette question. Une nouvelle convention, à savoir que les oscillations du pendule ont des durées égales, a conduit à l'horloge à secondes, c'est-à-dire au pendule qui donne un nombre déterminé d'oscillations pendant une rotation terrestre. Et c'est finalement un certain nombre de battements de ce pendule qui représente, dans toute observation, la valeur du temps. Il importe de voir ici clairement la part de la fiction. Dira-t-on que la rotation terrestre est certainement uniforme.

ou que la terre tourne du même angle en des temps
égaux? Dira-on ensuite que les oscillations du pendule
ont certainement même durée? Comment pourrait-on
établir de semblables propositions, quel sens seulement
pourrait-on leur donner avant d'avoir défini des *durées
égales*? Selon quelques auteurs, il faut entendre par là
des intervalles de temps dans lesquels se produisent,
à des époques différentes, des phénomènes identiques.
Mais que signifient ces mots « phénomènes identiques »? Si l'identité doit porter sur toutes les circonstances du phénomène, l'idée est une chimère incompréhensible. Si elle doit se limiter à quelques circonstances déterminées, il faut dire lesquelles, et la
fiction réapparaît alors tout entière. — On ne songerait
jamais à invoquer un sens de la durée qui nous ferait
apprécier une certaine égalité impossible pourtant à
définir. Il faut bien se résoudre alors à voir, dans l'égalité des durées et dans la mesure du temps fondée sur
la périodicité de certains mouvements, une part de
convention.

Si maintenant nous revenons à la notion mécanique
de la force, dont nous avons reconnu déjà le caractère
fictif quand nous laissions encore de côté la signification de la quantité *t*, nous sentirons sans peine combien s'augmente la fiction, lorsque l'élément nouveau,
que nous avons associé à d'autres pour former le
concept, implique lui-même une certaine part d'arbitraire.

Qu'en présence d'un mouvement matériel offert par
l'expérience nous énoncions une relation quelconque
entre les concepts de temps, de vitesse, d'accélération,
de masse, de force, qu'exprimerons-nous au fond sinon
une vue spéciale de l'esprit, quelque chose de purement
intelligible, non pas même impliqué dans le phénomène
observé, ce qui n'aurait aucun sens, mais seulement

pensé par nous à l'occasion de ce phénomène ? Ce sera, si l'on veut, une façon de penser et de parler correspondant à la chose observée ; disons le mot, ce sera un *langage spécial*, créé par l'esprit pour la désigner. Si les phénomènes de mouvement se prêtent désormais à la méthode mathématique et à des raisonnements rigoureux, c'est qu'ils pourront se traduire dans une langue parfaite.

Une question se pose alors. Fictive ou non au début, suggérée d'abord par des conceptions plus ou moins naturelles, mais en tout cas hypothétiques, cette langue ne va-t-elle pas nous conduire à des lois dont la vérification expérimentale, en prouvant leur portée objective, établira en même temps la valeur réelle des conventions premières ? C'est poser en question, à propos de la mathématique appliquée, l'impuissance du principe de contradiction à nous faire sortir de l'intelligible pur.

Pour répondre plus clairement et prendre un exemple bien connu, rappelons la genèse de la loi de l'attraction universelle.

Les observations de Tycho-Brahé sur les mouvements des planètes permettent à Kepler d'énoncer les lois suivantes : 1° les planètes se meuvent dans des courbes planes, et leurs rayons vecteurs décrivent des aires proportionnelles aux temps ; 2° les planètes décrivent des ellipses dont le Soleil occupe un foyer ; 3° les cubes des grands axes de ces ellipses sont entre eux comme les carrés des temps employés à les décrire.

Ces lois expriment, entre des faits géométriques et des faits de durée, des relations qui, se trouvant correspondre à un certain nombre de phénomènes observés, sont données par induction comme devant correspondre à toute une espèce de phénomènes. Le mode de correspondance est lui-même défini d'une façon précise. A propos de telle planète, on sait comment mesurer tous les éléments qui entrent dans ces relations. Il est donc aisé de comprendre comment, d'une part, les observations particulières ont pu se traduire en ce langage, et, d'autre part, comment désormais des données intelligibles, fournies par la loi dans un cas particulier, on passera au phénomène correspondant. Que les lois de Kepler nous permettent donc de fixer, à une époque quelconque, la position d'une planète dans le ciel, et que l'observation confirme la prévision : dira-t-on que les lois elles-mêmes se trouvent objectivement vérifiées ? que l'on doit attribuer désormais aux éléments géométriques envisagés une existence concrète, et que la durée quantité cesse d'être une fiction ? Nullement. Ce qui est vérifié par l'observation, c'est d'abord, à l'égard des phénomènes, une induction ordinaire : un phénomène nouveau est à rapprocher d'autres déjà observés ; et ensuite, c'est l'accord de la pensée avec elle-même, c'est la rigueur du langage qui, dans l'interprétation, a su rester conséquent avec lui-même. Mais quant au caractère de nécessité de ce langage, dont on voudrait trouver la preuve dans la vérification expérimentale des lois, il faut y renoncer. Qu'un seul des éléments fictifs qui le composent soit changé ; que, par exemple, la durée ne se calcule plus de la même manière, qu'en d'autres termes on choisisse, pour définir et compter des temps égaux, les phases d'un autre mouvement que la rotation terrestre, et voilà la première et la troisième loi complètement changées (1). Les phénomènes célestes qui reliaient entre eux les anciennes lois seront reliés par les nouvelles. L'avenir sera prévu tout aussi bien, les vérifications expérimentales ne feront pas défaut. Elles continueront à justifier une induction naturelle et à prouver que nous ma-

(1) Voir CALINON, *Revue philosophique*, 1887.

nions pour notre usage une langue qui ne se contredit pas.

— Newton vient après Kepler et dit : « Les planètes ne se meuvent pas en ligne droite, donc une force agit sur elles, dont il y a lieu de chercher la direction et l'intensité. » Traduisons : Il nous plaît, à propos du mouvement des planètes, de considérer, en outre des éléments géométriques et de durée, cette quantité dirigée que définit la mécanique et qu'elle appelle une force. En vertu de sa définition même, cette quantité est ici différente de zéro, et elle a une direction et une intensité variables.

Par une démonstration purement mathématique où n'entrent que des éléments géométriques, et où le temps lui-même n'est autre chose qu'une variable continue t, sans signification concrète, dont dépendent la vitesse, l'accélération, la position du point matériel sur sa trajectoire, on établit le théorème suivant : Si la trajectoire d'un mobile est plane, et si les aires décrites par le rayon qui joint le mobile à un point fixe sont proportionnelles à t, la direction sur laquelle il faut porter l'accélération, et par suite la force, est, pour toute valeur de t, celle qui va du mobile au point fixe. Or la première loi de Kepler exprime précisément que les hypothèses de ce théorème sont réalisées pour le mouvement des planètes, si on prend pour t le nombre des oscillations du pendule à secondes. A cette condition on pourra donc énoncer cette proposition nouvelle : La force qui agit sur les planètes est dirigée vers le Soleil, ou, comme on dit, les planètes sont soumises à une force attractive. La notion de force étant ainsi surajoutée à celles qui entraient déjà dans les lois de Kepler, il en résulte une modification du langage. Ce qui s'exprimait d'une certaine façon, à l'aide des premières notions, s'exprimera autrement en fonction ed termes nouveaux. Et on sera autorisé à remplacer une partie au moins des lois primitives par cette loi de la force.

Il serait puéril d'insister sur l'absence complète de signification métaphysique de la loi nouvelle. Mais il y a plus, et ce que nous cherchons à rendre manifeste, c'est l'absence de toute signification absolue relative aux phénomènes. Elle ne dit rien de plus au fond que les lois de Kepler, lesquelles avaient simplement présenté sous un jour spécial à l'esprit, dans un langage fait par lui et pour lui, le contenu des observations de Tycho-Brahé. Si nous disons : les planètes sont attirées par le Soleil, nous ne sortons pas de l'intelligible, nous n'énonçons même pas une propriété nouvelle sensible des phénomènes.

Il y a une tendance à croire que, si la loi n'explique pas, malgré le grand mot d'attraction, la cause du mouvement de la planète vers le Soleil, du moins ce mouvement existe, sauf qu'il est contrarié par un autre, d'où résulte le mouvement observé. Et précisément, en raison de l'impossibilité d'observer directement le mouvement atttractif, la mécanique céleste, en nous en apprenant l'existence, nous ferait réaliser un progrès notable dans la connaissance des phénomènes. Il ne s'agit plus ici de fantômes métaphysiques à écarter, mais bien d'une confusion entre l'intelligible et le monde des phénomènes.

Un mot suffira pour détruire toute illusion. Qu'on se rappelle la condition toute particulière relative à la mesure du temps que sous-entendait la loi de Kepler, et qu'on suppose seulement changée la définition de la durée, c'est-à-dire le nombre qui, dans les observations, doit se substituer au paramètre t de la mécanique rationnelle, — l'accélération, et par suite la force, que nous disons agir sur les planètes, *ne passe plus par le Soleil*. Le mouvement attractif disparaît. De la nouvelle loi qu'il faudrait substituer à celle de Kepler se tirerait encore logiquement une loi relative à la force, et, suivant les définitions adoptées, l'énoncé pourrait différer plus ou moins du premier, la force aurait telle ou telle direction. Que devient dans tout cela la propriété sensible révélée par la loi ?

·— Continuons : La direction de la force une fois connue, quelle en est l'intensité ? On établit en mécanique rationnelle, par de simples considérations de géométrie et d'analyse, une formule donnant l'expression d'une force qui passe par un point fixe, quand on connaît l'équation de la trajectoire plane. De la deuxième loi de Kepler on déduit alors aisément que l'intensité de la force attractive relative à une planète a pour valeur $\frac{km}{r^2}$, où m est la masse de la planète, r le rayon vecteur, k une certaine constante. Et on dit : la force est en raison inverse du carré de la distance, et proportionnelle à la masse. Enfin, de la troisième loi de Kepler on déduit ce fait que la constante k est la même pour toutes les planètes.

Voilà donc les lois de Kepler remplacées désormais par d'autres qui ne disent *rien de plus* sur les phénomènes célestes, mais qui disent *autrement*. Le passage des unes aux autres se faisant par des raisonnements rigoureux, il est clair que celles-ci recevront de l'expérience la même vérification que les autres, celle qu'une induction autorise quand elle se fonde sur les observations précises et correctes de Tycho-Brahé, et que rend plus facile la simplicité du langage.

On sait comment Newton fut conduit de ces lois particulières à la grande loi de la gravitation universelle. Les lois de Kepler vérifiées pour les satellites de chaque planète, par rapport à la planète, autorisent l'extension de la force attractive aux planètes avec une formule analogue pour l'intensité. On calcule l'accélération de

6.

la Lune due à la force attractive de la Terre, et on cons-
tate qu'à la distance du rayon terrestre, substituée à
celle des deux astres, elle devient justement égale à
celle de la pesanteur. De là, la généralisation de cette
force centrale s'exerçant sur tous les corps à distance
quelconque. Puis cette remarque, faite à propos de la
pesanteur, que la force attractive s'exerce également
·sur toutes les molécules d'un corps, et le principe de
l'action et de la réaction donnent finalement la loi de la
gravitation : Deux points matériels quelconques s'at-
tirent mutuellement, proportionnellement à leurs
masses, et en raison inverse du carré de leur distance.
Loi vraiment admirable de simplicité, d'un maniement
autrement aisé que les lois de Kepler, à fortiori que les
faits qui leur servaient de base ! Loi dont la fécondité
peut bien à elle seule justifier, à tous les yeux, les fictions qui ont servi de point de départ à la mécanique
céleste, mais à la condition que cette justification soit
comprise. Si nous avons su dans cette étude exprimer
notre pensée, on jugera comme nous que les vérifications expérimentales de toutes sortes, qu'elle recevra,
non seulement ne prouveront l'existence d'aucune attraction, au sens métaphysique du mot, mais encore
n'établiront aucun lien nécessaire entre les phénomènes
eux-mêmes et nos fictions; celles-ci forment un langage d'une perfection incontestable, mais ce langage ne
cesse d'appartenir au domaine de l'intelligible, et de se
former parallèlement à l'observation des faits, sans
que jamais nous puissions juger objectivement nécessaire, sous prétexte de vérification, un seul des éléments
dont il est formé.

II

Nous nous sommes borné à un exemple fourni par la
mécanique. Des considérations analogues trouveront

leur place dans tous les cas où la mathématique pénètre dans le domaine des faits. On saura chaque fois montrer un certain nombre de fictions lui donnant accès, et lui permettant de jouer le rôle que nous avons tâché de définir. Mais les principes suggérés par l'observation, et qui fournissent entre ces éléments nouveaux les premières relations, les équations fondamentales, forment parfois ce qu'on appelle une hypothèse scientifique. Il semble qu'il y ait ici plus qu'un simple langage adapté à un ordre de phénomènes. Une tentative d'explication s'y ajoute, et la mathématique, en servant d'intermédiaire entre l'hypothèse et les faits, et permettant ainsi de la mettre à l'épreuve de l'observation, paraît capable d'en donner une démonstration, et de jouer alors un rôle effectif dans la connaissance. Voyons de plus près ce qu'il en est.

Un certain nombre de faits observés suggèrent une théorie dont le premier caractère indispensable est d'expliquer ces faits eux-mêmes. L'explication consiste d'ailleurs à les relier, par l'intermédiaire du langage scientifique, à d'autres faits qu'elle donne comme antécédents. Quelle qu'elle soit, pour l'unique raison que des phénomènes d'un certain ordre y trouvent un rapport commun, il n'est pas surprenant que des phénomènes non encore observés se trouvent aussi répondre aux relations qu'énonce la théorie nouvelle. L'observation ne tarde donc pas à grossir le nombre des faits qui s'expliquent par elle. Il peut arriver que ce nombre devienne très grand, et qu'en même temps des conséquences prévues de l'hypothèse se réalisent. Dirons-nous alors avec Cournot que « la probabilité de l'hypothèse peut aller jusqu'à ne laisser aucune place au doute dans un esprit éclairé ? » C'est là un jugement que nous ne saurions accepter sans réserves. Qu'on songe, par exemple, à l'hypothèse de la Nébuleuse.

Les mouvements des planètes qui s'effectuent dans des orbites presque circulaires, à peu près dans le plan de l'équateur solaire et dans le sens de la rotation du soleil, avaient suggéré à Laplace l'idée de leur attribuer une origine commune dans la nébuleuse solaire. Sa théorie rendait compte du mouvement des onze planètes et des dix-huit satellites que l'on connaissait de son temps. Les astronomes ont depuis découvert plus de 200 petites planètes entre les orbites de Mars et de Jupiter, une énorme planète, Neptune, au delà d'Uranus, et tous ces corps, sans compter de nouveaux satellites trouvés autour de Saturne, de Mars et de Neptune, circulent comme les premiers. Voilà donc un ensemble imposant de données dont les unes ont suggéré l'hypothèse, et dont les autres semblent en être une merveilleuse confirmation. L'expérience de Plateau est venue mettre sous nos yeux une réalisation saisissante de cette hypothèse. En outre l'existence de plus en plus probable du feu central, sous l'écorce terrestre, est un des faits les plus significatifs en faveur de l'origine ignée de notre planète. Et enfin le spectacle de certaines nébuleuses à noyau central, qui depuis Herschell a sollicité la curiosité des astronomes, a pu passer pour un argument des plus décisifs. Aucune hypothèse semblera-t-elle jamais si près d'être démontrée qu'a pu le paraître celle de Laplace?

Voici pourtant des faits qu'il est difficile de concilier avec elle. Laplace avait observé que le sens de rotation des planètes est direct, identique à celui de la rotation du soleil, et il avait même fait entrer dans son calcul les rotations des planètes et de leurs satellites au même titre que les circulations, lorsqu'il trouvait « qu'il y a plus de quatre milliards à parier contre un que la disposition du système solaire n'est pas l'effet du hasard ». Or, dans son hypothèse, la rotation directe d'une planète, loin d'être un fait de même ordre que sa circulation directe, semble au contraire s'expliquer difficilement. On peut, il est vrai, en se reportant à Laplace lui-même, essayer de faire disparaître cette difficulté, mais alors on se heurte à une contradiction nouvelle : les satellites de Neptune et d'Uranus tournent dans le sens rétrograde, et les astronomes nous disent que, selon toute probabilité, c'est aussi le sens de rotation de ces planètes. Dans les deux cas, nous sommes en présence d'un écueil, contre lequel semble se briser l'hypothèse de Laplace. — Ce n'est pas tout : le mouvement d'une planète devenant plus rapide après l'abandon de l'anneau, la durée de la rotation de la planète sera nécessairement moindre, dans l'hypothèse de Laplace, que celle de la révolution de l'anneau ou des satellites auxquels il a donné naissance ; de là une limite inférieure imposée à la durée de la révolution d'un anneau ou d'un satellite, à savoir la durée de rotation de la planète, et en même temps, d'après la loi de Képler sur les temps des révolutions, un minimum imposé à sa distance au centre de la planète. Or, d'une part, on a découvert un satellite de Mars qui met moins de temps à circuler autour de sa planète que celle-ci n'en met à tourner sur elle-même ; d'autre part, l'anneau intérieur de Saturne est à une distance du centre de la planète inférieure à la limite prévue par le calcul.

On sait qu'une théorie nouvelle, due à M. Faye, répond, dans une certaine mesure, à toutes les difficultés soulevées par l'hypothèse de Laplace. Il est vrai que quelques savants ne l'accueillent pas sans restriction. Mais, de toutes façons, la conception de Laplace doit se modifier. Quelle que soit la forme nouvelle qu'elle doive revêtir aujourd'hui, l'avenir seul en fera connaître la durée. Et enfin les corrections ne seront peut-être pas toujours suffisantes ; rien ne nous empêche d'entrevoir la nécessité de renoncer un jour, si les objections s'accumulent, à l'idée même de la Nébuleuse originelle.

En insistant sur l'hypothèse de Laplace, nous avons voulu surtout faire ressortir le caractère éminemment provisoire, malgré les plus éclatantes confirmations de l'expérience, de pareilles théories. Jamais un esprit éclairé n'aura le droit de déclarer une hypothèse définitive. Mais allons plus loin : supposons-nous, par une audacieuse fiction, certains de l'avenir, et acceptons qu'aucun fait nouveau ne doive jamais contredire l'hypothèse ; nous n'aurons rien appris sur sa réalité objective. Que saurons-nous en effet ? C'est qu'une suite de phénomènes, imaginée par nous et substituée aux phénomènes réels, inobservables, et, par suite, éternellement inconnus, aurait pour conséquence les mêmes événements futurs, en vertu des relations spéciales que notre esprit établit lui-même entre les phénomènes.

Nous opposons ici l'avenir au passé, comme nous y a conduit l'hypothèse de Laplace. Sans rien changer aux idées, nous pouvons de même opposer aux phénomènes d'autres phénomènes simultanés, inobservables, mais explicatifs des premiers, comme dans la théorie de l'éther et de ses vibrations. Si, pour de semblables hypothèses, nous étions assurés que l'avenir ne nous fera connaître aucune contradiction, nous saurions simplement que *certains rapports nouveaux entre les phénomènes étant créés par nous (ceux qu'énonce justement l'hypothèse), les phénomènes d'un certain ordre sont exprimables à l'aide de ces rapports.* Qu'est-ce à dire sinon que nous aurions imaginé *un langage s'adaptant à merveille avec ces phénomènes ?*

Eh bien, ce cas, en apparence irréalisable, peut très bien se produire, et c'est alors que, l'hypothèse se fondant en un langage mathématique, celui-ci vient tout simplement jouer son rôle habituel.

Expliquons-nous.

Qu'au début de la mécanique, au lieu d'énoncer des principes suggérés par l'expérience, on fasse l'hypothèse suivante : La matière est constituée de telle sorte qu'elle conserve indéfiniment l'état de repos ou de mouvement rectiligne uniforme, si aucune force n'agit sur elle ; et ainsi de suite, de façon à énoncer, sous une forme particulière, les postulats fondamentaux. En somme, cela ne différerait pas beaucoup de ce qu'on fait d'ordinaire. Nous nous trouverions alors en présence d'une véritable hypothèse explicative. Dira-t-on que l'observation des faits la confirme jusqu'à ce jour seulement et qu'elle a un caractère provisoire ? On n'y songera pas. Si une conséquence quelconque de cette hypothèse, par exemple la prédiction d'un phénomène astronomique, à laquelle conduirait la mécanique céleste, ne se trouve pas réalisée, on n'aura jamais envie d'en accuser la mécanique rationnelle qui se fonde sur cette prétendue hypothèse. On se dira seulement : Quelque fait jusqu'ici inconnu, la présence dans le ciel de quelque corps céleste ignoré, par exemple, et dont il n'a pas été tenu compte dans les calculs, peut jouer un rôle dans le problème et changer toutes les conclusions. Nous ne doutons pas un seul instant que jamais aucun fait ne viendra infirmer les postulats de la mécanique rationnelle. Et pourquoi cette certitude ? La raison en est dans la possibilité de transformer ces postulats en définitions, et dans cette circonstance que toute hypothèse a disparu pour laisser place à un langage spécial. Certes ce langage ne pourra pas s'adapter à tous les phénomènes ; il y aura lieu d'introduire pour certains cas de nouvelles notions. Mais, de toutes façons, la question de la validité de l'hypothèse n'a plus à se poser.

A quelles conditions une hypothèse pourra-t-elle présenter ce caractère de passer désormais pour définitive ? La réponse est tout indiquée maintenant. Il faut et il suffit *qu'elle puisse se formuler en définitions ;* en d'autres termes, il faut et il suffit que le nombre des propositions qu'elle énonce sur les éléments nouveaux, dont elle fait connaître les rapports, soit tel que chacun de ces éléments se trouve défini. Il est difficile de fixer ces conditions avec plus de précision ; tout au moins on peut dire, par exemple, que, plus est considérable le nombre des notions nouvelles, plus l'hypothèse a de chances de subsister jusqu'à ce que le nombre des postulats soit devenu suffisant pour lui permettre de se transformer en définitions. On peut dire encore que plus est fictive, plus est d'apparence métaphysique, en dehors des phénomènes observables, la nature de ces notions nouvelles, moins l'hypothèse risque d'être ébranlée par l'observation, et plus elle a de chances de devenir une conquête définitive de la science. Il faut qu'on ait suffisamment compris le sens de ce caractère définitif, pour que cette dernière proposition ne soit pas un paradoxe effrayant capable de troubler la mémoire d'Auguste Comte.

Pour l'hypothèse des ondulations lumineuses, par exemple, en dehors de ce qu'elle s'harmonise jusqu'ici avec tous les phénomènes lumineux connus, n'est-il pas permis de dire qu'un gage de sa durée, et une présomption en faveur de son caractère définitif, se trouvent d'abord dans la nature absolument inobservable des notions qu'elle apporte, et ensuite dans le nombre des éléments qu'elle implique, et dont quelques-uns restent encore indéterminés, à la disposition, pour ainsi dire, de quelque fait nouveau à expliquer ? Tel est, par exemple, le mode de répartition des vibrations dans les directions diverses du plan perpendiculaire au rayon lumineux ; telle est encore la forme des trajectoires parcourues par les molécules d'éther durant une vibration, et que, jusqu'à nouvel ordre, il est naturel d'admettre rectilignes, etc. Il ne faudrait pas s'étonner outre mesure de voir un jour tout l'échafaudage de l'hypothèse des ondulations se fondre en un langage définitif qui, peut-être, s'appliquerait ensuite aisément aux phénomènes lumineux, calorifiques, électriques et autres. Le nouveau chapitre de mathématiques qui en serait le développement commencerait alors par des définitions du genre de celle-ci : Étant donné qu'une chose se propage, que les rayons émanés de deux sources viennent en un certain point, où ils concourent, donner lieu à une augmentation ou à une diminution d'intensité, si la mesure des chemins parcourus établit les faits suivants : « a une différence de chemin égale à un multiple pair d'une quantité fixe K correspond une augmentation d'intensité ; à une différence égale à un multiple impair de la même quantité correspond une diminution d'intensité », on dira que la propagation dont il s'agit se produit *par ondulations de l'éther*. La quantité fixe 2K sera la *longueur d'onde*, etc. Si cette prédiction se réalisait, l'hypothèse aurait atteint cet idéal d'être désormais à l'abri de toute contradiction de fait, elle serait bien définitive pour certaines catégories de phénomènes.

Mais qu'on y prenne garde. Pour en arriver là, non seulement elle perdrait toute signification métaphysique, mais même elle renoncerait à rien représenter du monde des phénomènes sensibles ; elle se transformerait en une expression purement formelle de certains faits (1).

_____

(1) A propos de l'hypothèse des ondulations lumineuses, signalons une discussion curieuse et fort suggestive que nous ont rapportée, il y a quelques années, les comptes rendus de l'Académie des Sciences. De fortes présomptions ont conduit Fresnel et, à sa suite, la plupart des

En résumé, la mathématique ne nous permet jamais de porter sur les phénomènes non observés une affirmation certaine, à l'abri du principe de contradiction. Quand, ayant pris son essor à l'occasion de quelques postulats suggérés par l'observation, elle se montre particulièrement utile et instructive, non seulement elle ne permet jamais qu'une prédiction probable, mais encore, les prédictions d'un certain ordre fussent-elles indéfiniment réalisées, elle n'apprend jamais rien sur les postulats, envisagés non seulement dans leur signification métaphysique, mais même dans leur réalité phénoménale.

Lorsque enfin elle semble permettre la vérification

physiciens, à admettre que la direction de la vibration, dans la lumière polarisée, est perpendiculaire au plan de polarisation. Cependant on ne pouvait citer aucune expérience démonstrative à l'appui de cette opinion, et d'ailleurs des savants tels que Mac-Cullagh et Neumann ont soutenu que la vibration est dans le plan de polarisation. Le 9 février 1891, M. Cornu annonçait à l'Académie des sciences qu'une expérience décisive, due à M. Wiener, donnait définitivement raison à Fresnel.

Une pellicule photographique extrêmement mince est déposée dans le voisinage d'une surface réfléchissante sur laquelle tombe, et se réfléchit à 45°, un faisceau polarisé. La pellicule qui a ainsi reçu deux faisceaux à angle droit est développée comme un cliché et laisse voir une série de franges. Il y a donc dans l'onde résultante alternativement des maxima et des minima d'intensité ; autrement dit, les intensités s'ajoutent et se retranchent. Or, il faut pour cela que les vibrations soient parallèles et, par suite, perpendiculaires au plan d'incidence. — Halte-là ! fait alors observer M. Poincaré. Qu'appelez-vous intensité lumineuse ? Est-ce dans l'énergie cinétique ou dans l'énergie potentielle de l'éther que vous la faites résider ? En d'autres termes, est-ce dans le déplacement de la molécule ou dans la quantité qu'on nomme axe de glissement ? Si les deux faisceaux se coupent sous un angle très petit, les deux quantités interfèrent. Mais sous un angle droit, l'une des deux seulement sera d'amplitude variable. Si c'est le déplacement de la molécule, l'expérience de M. Wiener donne raison à Fresnel, si c'est l'axe de glissement, elle donne raison à Neumann. Et nous pouvons d'autant moins nous prononcer que nous ne savons pas du tout ce qui dans l'action photochimique détermine la décomposition. — Fort bien, répond à son tour M. Cornu, mais une autre expérience nous apprend que l'intensité lumineuse doit bien être placée dans l'énergie cinétique de l'éther. Qu'on suppose une surface plane, de pouvoir réfléchissant égal à l'unité, et

des grandes hypothèses et jouer ainsi un rôle immense dans la connaissance générale de l'univers, ou bien l'hypothèse porte directement sur des faits inconnus, et alors elle ne cesse jamais d'avoir un caractère provisoire, et de se présenter comme explication suffisante, non nécessaire ; ou bien l'hypothèse peut, sous une certaine forme, entrer décidément dans la science et fournir à la mathématique l'occasion de développements définitifs, mais c'est alors à la condition que celle-ci renonce à toute prétention objective et remplisse simplement sa fonction de langage créé par l'esprit pour l'esprit.

qu'on y envoie normalement un faisceau polarisé. La vibration réfléchie est égale et contraire à la vibration incidente. Les deux théories de Fresnel et de Neumann donnent alors la surface réfléchissante comme un plan nodal, c'est-à-dire un plan d'intensité minima, dans l'onde formée par la superposition des faisceaux incident et réfléchi. M. Wiener a à peu près réalisé ces conditions avec une surface en verre, enduite d'une pellicule photographique. Il a vu sur celle-ci des anneaux concentriques, et au centre rien. Donc, concluent MM. Cornu et Potier, la pellicule n'a été affectée que par les déplacements vibratoires ou par l'énergie cinétique. — Mais, dit M. Poincaré, ici encore, entre l'expérience et l'interprétation se glisse une hypothèse. Pourquoi veut-on qu'avec une surface de pouvoir réfléchissant presque égal à 1, mais non égal à 1, il faille admettre le plan réfléchissant comme un plan nodal, en vertu des deux théories de Fresnel et de Neumann ? C'est admettre une continuité qui n'est rien moins que démontrée. La limite d'une fonction continue peut très bien être discontinue.

Sans prendre parti dans une discussion aussi spéciale, n'est-il pas intéressant de mettre en évidence, sur cet exemple particulier, la difficulté de donner à une expérience quelconque une interprétation jugée *nécessaire?* Et encore il ne s'agit ici que d'une nécessité toute relative. Admettons que l'expérience de M. Wiener mérite d'être appelée décisive, comment faut-il l'entendre ? On aura démontré que, étant admis les premiers principes de la théorie des ondes lumineuses, ils ont pour conséquence telle direction du déplacement moléculaire ; on aura simplement fixé, de façon à interpréter avec précision une expérience nouvelle, un des éléments jusque-là indéterminés, qui, entrant désormais dans le langage spécial de la théorie, aidera à traduire les phénomènes lumineux.

TROISIÈME PARTIE

Après avoir établi, par la double étude qui précède, l'impossibilité absolue d'affirmer, au nom du principe de contradiction, une vérité quelconque dépassant les faits observés, nous croyons indispensable d'aborder l'examen direct de quelques problèmes, à propos desquels une opinion courante semble s'être formée en contradiction manifeste avec nos conclusions : Nous devons, pour chacun d'eux, montrer l'erreur des affirmations qu'on nous apporte.

Il s'agit d'abord du prétendu conflit de la liberté et de quelques équations de mécanique, puis des graves conséquences que l'on tire ordinairement de la géométrie non euclidienne, enfin de la solution des antinomies de Kant présentée au nom du principe de contradiction.

CHAPITRE PREMIER

LA MÉCANIQUE ET LA LIBERTÉ

Depuis environ deux cents ans, c'est-à-dire depuis qu'après les travaux de Galilée et de Huyghens s'est constituée une science mathématique du mouvement, il n'est pas rare de voir le vieux déterminisme physique essayer de se rajeunir, en empruntant ses arguments aux progrès de cette science. On dirait qu'une antinomie nouvelle a été créée, qui pose le fait de la liberté en contradiction avec les théorèmes de mécanique rationnelle. C'était déjà par considération des lois générales de la dynamique que Leibnitz se laissait guider, quand, déclarant impossible l'action de l'âme sur le corps, il se rejetait sur son hypothèse de l'harmonie préétablie. — Et encore les lois importantes étaient plutôt pressenties que démontrées ; une intuition géniale avait seule inspiré à des hommes tels que Huyghens et Leibnitz des propositions qui ne sont devenues que plus tard l'objet de démonstrations mathématiques. Aujourd'hui ces lois s'énoncent sous forme de théorèmes. En les invoquant désormais, le déterminisme croit devenir une théorie scientifique qui aurait garde de se confondre avec cette croyance primitive, plus ou moins vague, à la nécessité des lois de l'univers. Montrons qu'il se trompe, et que, même après sa transformation apparente, le déterminisme physique reste ce qu'il n'a jamais cessé d'être, le sentiment à priori que tout est déterminé dans la nature.

I

Et d'abord, quels sont les théorèmes ordinairement invoqués? — Étant donné un système de points matériels en mouvement sur lequel n'agit aucune force extérieure: 1° le centre de gravité décrit une droite d'un mouvement uniforme ; il reste fixe si le système était primitivement au repos ;

2° Si on projette tous les points matériels sur un plan et qu'on trace les rayons qui joignent leurs projections à un point fixe du plan, la somme des aires décrites par tous ces rayons est constante dans un temps donné ; elle reste nulle, par exemple, si le système était primitivement au repos ;

3° Si on projette les quantités de mouvement sur un axe quelconque, la somme des projections sur cet axe reste constante ;

4° La variation de la force vive dans un temps donné est égale au travail total des forces intérieures, et, si celles-ci ne dépendent que de la distance des points, la variation de la force vive est nulle pour les différents états du système où les distances des points se retrouvent les mêmes ; en particulier, la force vive reste constante si on peut négliger les variations de distance des points du système.

Comment voit-on dans ces propositions de mécanique rationnelle une arme redoutable contre la liberté ? C'est fort simple : on les applique à l'univers, et on dit : Si le centre de gravité de l'ensemble de tous les corps décrit une droite fixe d'un mouvement uniforme ; si la somme des aires décrites par les rayons vecteurs de toutes les molécules projetées sur un plan reste invariable ; si la somme des quantités de mouvement projetées sur une droite se conserve ; si enfin la quan-

tité de force vive reste constante dans l'univers, la pro-
duction d'un acte libre est impossible ; car tout acte se
produit par un mouvement, et un mouvement qui ne
résulterait pas nécessairement à un instant donné de
l'ensemble des mouvements antérieurs viendrait alté-
rer la valeur de quelqu'une de ces constantes.

Voyez-vous ces oiseaux qui se poursuivent joyeuse-
ment dans l'espace, et croient sans doute voler à leur
gré ; ce papillon qui voltige de fleur en fleur ; ces
abeilles qui choisissent dans mon jardin les parfums
préférés, et vous-mêmes qui pensez lire et tourner les
feuillets de ce livre parce que cela vous plaît ; et tous
les êtres qui couvrent la terre, que dis-je ? tous les êtres
qui s'agitent à la surface des planètes ; que dis-je enfin ?
tous ceux qui peut-être promènent sur une infinité de
globes roulants l'illusion de leur liberté..., dites-moi
seulement où était le centre de gravité de l'ensemble
de l'univers à deux instants précis du passé, et je vous
dirai exactement, pour tout instant de l'avenir, où vient
fatalement se fixer ce centre de toutes les particules,
que déplacent cependant ces fourmilières innombrables
d'êtres vivants. Leurs mouvements s'harmonisent précisément de telle façon que ma prédiction se réalisera.
Un lien fatal les unit donc ; peut-il être compatible avec
des manifestations libres ?

On étonnerait beaucoup ceux qui tiennent un pareil
langage et qui condamnent aussi aisément, au nom de
la science positive, quelque illusion de la conscience,
si on les accusait eux-mêmes de renouveler les procédés du symbolisme métaphysique le plus primitif. On
ne risquerait guère cependant que de rester au-dessous de la vérité. Les explications étranges des choses,
que certaines sectes de Pythagoriciens tiraient des propriétés des nombres, n'étaient pas moins compréhensibles que les théories fondées sur les symboles de la

mécanique rationnelle. Toutes les quantités que celle-ci fait entrer dans ses calculs ne sont-elles pas des fictions dont il plaît à l'esprit de doter le langage scientifique à propos du mouvement? Ce sont des circonstances intelligibles imaginées pour former une langue spécialement adaptée à certains phénomènes: nous y avons insisté amplement.

L'hypothèse d'un ensemble de points matériels, soumis seulement à des forces intérieures, signifie que, dans les relations mathématiques, traduisant les circonstances du mouvement, n'entrent que des forces égales deux à deux et de sens contraire pour toutes les couples de deux points. On suppose, en d'autres termes, que la position des divers points du système, à chaque instant, soit exprimable seulement en fonction de pareils éléments géométriques et du temps. Le théorème de la conservation de la force vive exige en outre que les expressions analytiques des forces soient seulement fonctions des distances des molécules, et enfin que la variation de ces distances soit négligeable. Ces hypothèses nettement posées conduisent à des propositions d'une certitude apodictique. Mais, qu'il s'agisse d'une application physique : non seulement nous ne pourrons jamais affirmer la réalisation des hypothèses précédentes, mais encore la question même de cette réalisation concrète est dépourvue de sens.

Si certains cas particuliers viennent vérifier les conclusions théoriques, si, par exemple, le recul d'un canon, calculé d'après le théorème relatif au centre de gravité, se trouve vérifié par l'expérience, nous serons simplement renseignés sur l'opportunité précieuse des hypothèses et des fictions de la mécanique dans certains cas déterminés; et ces exemples seront la raison d'être, nous allions dire l'excuse, du langage adopté. Mais, si nombreux qu'ils soient, ils ne permettront

jamais, d'une part, d'affirmer la nécessité objective de
ce langage, ni, d'autre part, d'assurer à priori la même
opportunité pour le fait le plus simple qu'on imagine.

Que font cependant les partisans du déterminisme
mécanique? Donnant d'abord à certaines propositions
un sens concret qu'elles ne comportent pas, ils affir-
ment sur les choses mêmes ce qui n'était établi que
pour des fictions. La réalisation des hypothèses de la
mécanique rationnelle devient pour eux une question
des plus simples, et ils croient, de bonne foi, que dans
tel ou tel cas, où l'expérience a justifié l'emploi des
théorèmes, les corps se divisent bien réellement en
particules telles que de deux quelconques d'entre elles
émanent en sens inverse, suivant la ligne de jonction,
des entités semblables à des flèches, des tendances à
rapprocher ou à éloigner. Ils croient pouvoir affirmer
aisément que dans telles circonstances ce sont les
seules entités sur lesquelles il faille compter, tandis
que d'autres fois les éléments des corps sont soumis à
des actions n'émanant plus de ces éléments eux-mêmes,
et ne se rangeant plus par groupes de deux (c'est ce
qu'ils appellent les forces extérieures). Sans attendre le
verdict de l'expérience, ils déclarent à priori que, dans
tous les cas du premier genre, l'application des théorèmes est conforme à la réalité. Et enfin, dépassant en
audace tout ce qui semble permis, à quelques exemples
particuliers où l'observation est plus ou moins facile,
parce qu'elle porte sur un ensemble déterminé de corps,
ils assimilent le cas de l'univers entier envisagé dans
sa totalité! Certes, les conceptions les plus étranges
peuvent être admises si elles ont quelque chance de
contribuer aux progrès de la science; mais, du moins,
qu'on sache faire la part de ce qui est démontré et de
ce qui ne l'est pas; qu'on ne prenne pas pour la conclusion de raisonnements mathématiques et absolu-

ment rigoureux ce qui n'est qu'une hypothèse. Lorsque
Descartes admettait que dans l'univers entier la quantité de mouvement est constante, il ne présentait pas
cette proposition comme un résultat scientifique : Il faisait reposer cette permanence de la quantité de mouvement sur l'immutabilité divine. Le théorème relatif à la
quantité de mouvement s'énonce aujourd'hui différemment ; on fait une addition de quantités dirigées, comme
dans la composition des forces, au lieu d'une somme
de quantités algébriques. Mais, quand, avec l'énoncé
nouveau, on envisage l'ensemble de l'univers, on ne se
doute pas assez que cette loi n'est pas plus un théorème démontré que ne pouvait l'être celle de Descartes.
La loi de la conservation des aires, la loi de la conservation de la force vive, appliquées à l'univers, n'énoncent pas davantage des théorèmes établis, mais simplement des hypothèses.

Ces hypothèses admises, est-ce que la liberté serait
par là détruite ? Qui empêcherait de soutenir le contraire ? Toute discussion sur la liberté aboutit à telle
ou telle conclusion suivant le sens qu'on attache à ce
mot. Si l'on veut bien admettre que je puisse rester libre,
quoique je sois incapable de soulever un poids trop
lourd, ou de voir jaune une couleur noire ; quoique je
doive me borner, sous peine de tomber, quand je me
tiens sur un seul pied, par exemple, aux mouvements
qui n'entraîneront pas la projection de mon centre de
gravité au delà du contour de mon pied, etc., pourquoi
déclarer la liberté incompatible avec telles lois physiques que l'on voudra ? Aucune démonstration n'existe
et ne saurait exister défendant d'imaginer une vie psychologique libre en face des nécessités cinétiques de la
matière (1).

(1) Voir BERGSON, *les Données immédiates de la conscience*, p. 114.

Mais peu importe : admettons tout de suite, avec ceux dont nous combattons les idées, que nos lois mécaniques générales appliquées à l'ensemble de l'univers sont contradictoires avec le fait de la liberté psychologique. Alors, de deux choses l'une : ou vous ne croyez pas à la liberté, ou vous y croyez. Dans le premier cas, si étrange que soit l'induction par laquelle on s'élève de quelques exemples simples, où une façon de parler a été précieuse, à une hypothèse portant sur cette chose à peine compréhensible qui est l'univers, vous pouvez adopter cette hypothèse. Mais, si vous croyez à l'existence de l'acte libre, si vous croyez par cela même qu'il faut compter avec d'autres causes de mouvement que les forces dites intérieures et simplement fonctions des distances, vous déclarerez fausses les prétendues lois générales de la mécanique. En d'autres termes, ce ne sont pas ces lois qui démontrent le déterminisme : c'est, au contraire, une opinion préconçue sur l'existence de la liberté qui permet ou qui défend de les énoncer.

Une objection ne manquera pas de nous être faite : s'il paraît trop audacieux d'étendre les théorèmes de la mécanique à l'univers entier, bornons-nous à considérer le système solaire. Voilà un ensemble de corps isolé dans l'espace, ou du moins qu'on n'hésite pas à envisager, dans les recherches astronomiques, comme soustrait à toute action extérieure. Il suffit peut-être aux partisans du déterminisme que l'application des théorèmes de la mécanique à cet ensemble soit justifié. Or, on le sait, les astronomes ne songent même pas à reculer devant cette application, et personne n'a envie de contester les résultats de leurs travaux au nom de la liberté des êtres qui recouvrent la surface des globes célestes, tout au moins celle de la terre.

Il faudrait être fort peu au courant des procédés de

la science pour prendre trop au sérieux une semblable
objection. C'est une règle générale, dans l'étude des
phénomènes physiques, de ne chercher de relations
qu'entre les causes jugées les plus importantes. Il
arrive ordinairement que, grâce aux progrès de l'observation, les lois se modifient précisément par l'introduction d'éléments nouveaux jusque-là négligés, et c'est
ainsi qu'en se transformant les lois physiques tendent
à traduire les phénomènes dans un langage de plus en
plus parfait. Mais l'expression absolument complète
des rapports qui constituent le phénomène en apparence le plus simple est une de ces chimères auxquelles
la science doit renoncer. Tout en progressant toujours,
elle sait bien que dans l'énoncé de ses lois les plus
complexes n'entre jamais qu'un nombre infiniment
petit d'éléments abstraits, dont les rapports forment
dans notre esprit comme la projection intelligible des
phénomènes physiques, projection au contour sans
cesse variable et toujours provisoire.

Dans combien de problèmes relatifs à la terre l'inégalité du relief du sol terrestre n'est-elle pas négligée ?
Dans combien d'autres sa forme n'est-elle pas assimilée
à celle d'une sphère ? Et enfin, dans combien de questions astronomiques, relatives au système solaire, la
terre ne devient-elle pas un simple point doué d'une
certaine masse, ou même ne disparaît-elle pas complètement, pour être traitée comme si elle n'existait pas ?
Veut-on un exemple précis ?

Laplace est le premier qui ait appliqué au système
solaire le théorème de la conservation des aires pour
ce qu'il a nommé *le plan invariable*, c'est-à-dire le
plan passant par le centre de gravité de l'ensemble, et
pour lequel la somme des aires, décrites par les rayons
vecteurs joignant ce point aux projections de tous les
points du système, a une valeur maximum. Il négligeait

ainsi sans hésiter toute autre cause de mouvement que les forces intérieures, cela est vrai, mais il négligeait aussi bien autre chose. En particulier, il avait réduit l'ensemble formé par chaque planète et ses satellites à un point doué de la masse totale de ces corps. Poinsot est venu ensuite et a dit : « La position du plan invariable ne dépend pas seulement des aires que décrivent les planètes en vertu de leur rotation autour du soleil ; elle dépend encore d'autres aires auxquelles on n'avait point songé, savoir de celles qui sont dues aux révolutions particulières des satellites autour de leurs planètes principales, et de celles qui naissent de la rotation de ces planètes et du soleil lui-même sur leurs propres axes. » Autant d'éléments nouveaux dont Poinsot va tenir compte ; lui-même négligera encore les rotations des satellites autour de leurs axes.

On le voit : déduire des travaux des astronomes sur le système solaire que la liberté psychologique est niée par eux, cela est aussi raisonnable que de dire : Laplace niait le mouvement de rotation sur leurs axes du soleil et des planètes ; ou encore : Poinsot contestait la rotation de la lune sur elle-même.

II

Nous n'avons eu en vue jusqu'ici que le déterminisme mécanique proprement dit, celui qui emprunte ses arguments à une science mathématique spéciale, à la dynamique rationnelle. Les progrès récents de la physique mathématique, en conduisant à la notion de *l'énergie*, et surtout à la loi de *la conservation de l'énergie*, ont donné une autre forme à la thèse du déterminisme physique.

L'origine de la théorie nouvelle est encore dans un théorème de mécanique, le théorème des forces vives :

Un système de points matériels étant soumis à des forces quelconques, la variation de la somme des forces vives ($\frac{1}{2} mv^2$) est égale à la variation du travail total des forces. Imaginons, pour tout simplifier, un point matériel soumis seulement à l'action de la pesanteur, et lancé verticalement de bas en haut avec une certaine vitesse initiale, v_0, la hauteur du mobile au départ étant z_0. Au bout d'un certain temps, la vitesse sera v, la hauteur z, la variation de la force vive est $\frac{1}{2} mv^2 - \frac{1}{2} mv_0^2$. La variation du travail sera le produit du poids P du mobile par le chemin parcouru $z - z_0$, ce produit étant d'ailleurs affecté du signe — parce que la direction de la pesanteur est de sens contraire à celle du mouvement. Le théorème des forces vives consistera dans l'égalité :

$$\frac{1}{2} mv^2 - \frac{1}{2} mv_0^3 = - \text{P} \times (z - z_0),$$

ou encore $\frac{1}{2} mv^2 + \text{P}z = \frac{1}{2} mv_0^2 + \text{P}z_0.$

Nous ne pouvons pas écrire

$$\frac{1}{2} mv_0^2 = \frac{1}{2} mv^2 = \frac{1}{2} mv'^2 = \ldots,$$

v_0, v, v',... étant des vitesses à des instants quelconques ; mais

$$\frac{1}{2} mv_0^2 + \text{P}z_0 = \frac{1}{2} mv^2 + \text{P}z = \frac{1}{2} mv'^2 + \text{P}z' = \ldots$$

Ces nouvelles égalités permettent encore de parler d'une quantité constante, qui se conserve, à savoir de la somme $\text{E} = \frac{1}{2} mv^2 + \text{P}z$. Chacun des deux termes peut d'ailleurs s'interpréter simplement. Le premier donne, si on veut, la raison de la continuation du mouvement ascensionnel, et sa valeur à chaque instant permet de dire de quelle hauteur s'élèvera encore le mobile. Le second, qui augmente sans cesse précisément de la quantité dont l'autre diminue, et qui finira par composer seul la somme E, quand la vitesse s'annulera, donne au contraire la raison du ralentissement de la vitesse, puis la raison de la chute. Dans l'ascension du mobile, la quantité $\frac{1}{2} mv^2$ s'épuise, tandis que l'autre atteint son maximum. La descente donnera lieu aux circonstances inverses : c'est la quantité Pz qui tendra à s'épuiser, tandis que la force vive ira en croissant. L'élément $\frac{1}{2} mv^2$ a reçu le nom d'*énergie cinétique*, et la quantité Pz s'appelle *énergie potentielle*. La somme de ces deux énergies est l'énergie totale, c'est elle qui reste constante dans le mouvement, pendant que les énergies cinétique et potentielle se transforment sans cesse l'une dans l'autre.

Jusqu'ici nous ne sortons pas de la dynamique pure, et le langage employé, si imagé, si expressif qu'il soit, ne saurait nous faire illusion au point de nous montrer autre chose que de simples définitions. Mais revenons à notre exemple, et supposons que le mobile soit brusquement arrêté dans son ascension par un obstacle : sa vitesse est détruite, il retombe. L'énergie potentielle, capable de déterminer la chute, se traduira manifestement aux yeux; mais qu'est devenue l'autre? La vitesse s'annulant, l'énergie cinétique s'est annulée brusquement aussi; l'énergie potentielle d'ailleurs n'a pas augmenté d'autant, car son expression (Pz) montre qu'elle est déterminée uniquement par la hauteur du mobile. Il n'est donc plus vrai dans ce cas que l'énergie totale reste constante! Il y a perte d'énergie par suite de la présence de l'obstacle? Nullement, répond à son tour la physique moderne; l'énergie cinétique du mobile a passé dans l'obstacle. Il s'est produit dans celui-ci un ébranlement moléculaire qui se traduit à nos sens par une élévation de température. L'énergie cinétique s'est changée en *énergie calorifique*. — La transformation inverse est un fait courant. La chaleur, on le sait de-

puis longtemps, sert à produire le mouvement ; mais il
y a plus : On peut dire aujourd'hui qu'une quantité
donnée de chaleur, numériquement mesurable, peut
servir à élever, d'une hauteur déterminée, un corps de
poids connu.

C'est faire entrer définitivement dans la science moderne la notion de l'échange possible entre des quantités déterminées d'énergie cinétique et de chaleur. L'extension de cette équivalence à tous les modes que la
physique fait correspondre au mouvement, son, lumière, électricité, agents chimiques, etc., se présente
tout naturellement, et, par l'intermédiaire de l'énergie
cinétique, peut naître l'idée de l'équivalence universelle
de certaines quantités de chaleur, de lumière, etc... De
là enfin la notion de la conservation *de l'énergie totale*
de l'univers.

C'est alors vraiment le cas de dire : rien ne se perd,
rien ne se crée dans la nature, tout se transforme. Ce
n'est plus seulement une variation de masse, c'est une
modification quelconque d'un phénomène, si insigni-
fiante qu'elle paraisse, qui désormais échappe à une
génération spontanée. Que devient donc l'acte libre ?
« Vous étendez la main par un acte de votre volonté,
dit M. Naville ; il vous semble que vous avez créé du
mouvement par l'exercice de votre libre puissance,
c'est une erreur ; vous ne disposez que d'une quantité
donnée de force, et cette force, qui est comme un dépôt
dans votre organisme, provient de la nourriture, de
l'atmosphère, du soleil. La force ne se crée pas plus
que la matière. Les mouvements de votre corps sont
un des petits rouages du mécanisme universel ; tout
mouvement est la simple transformation de mouvements antécédents, sans augmentation ni diminution.
Un corps vivant est un appareil qui modifie sur un point
donné le mouvement général de la nature, mais sans

en faire varier la quantité. Une impression tran smise
du dehors parvient au centre cérébral, elle s'y transforme en un mouvement réflexe, dont tous les éléments
se trouvent dans l'impression reçue. Ces phénomènes
présentefit un enchaînement rigoureux, quelle place
reste-t-il pour la liberté ? Aucune. En contradiction
avec l'illusion de la liberté, la science moderne a démontré l'impossibilité que la volonté crée du mouvement. »

Si cette effrayante conclusion semble pouvoir se rattacher par une suite d'idées plus ou moins naturelles à
des théorèmes mathématiquement démontrés, à quelques faits précis établis par une rigoureuse observation,
s'ensuit-il qu'elle doive être présentée elle-même
comme une vérité démontrée ? Toute la question est là :
lorsqu'on énonce cette conclusion, on ne sent évidemment pas la distance prodigieuse qui la sépare des
prémisses. On croit demeurer dans le domaine de la
science ; on fait de la métaphysique. Que sait-on positivement en somme ? Que certains phénomènes de mouvement sont suivis de certains phénomènes de chaleur, et
réciproquement ? Soit. Admettons tout de suite en pareil cas, et dans d'autres analogues, où la chaleur pourrait. être remplacée par l'électricité ou la lumière par
exemple, une relation numérique déterminée entre les
quantités du premier phénomène et celles du second,
de telle façon que, en un sens, les circonstances de l'un
des deux se reconnaissent dans celles de l'autre : pour
passer de là à la négation de la liberté, il faut assimiler
les modes de l'activité psychique aux faits qui sont dans
des rapports déterminés avec les phénomènes de mouvement. Or qu'est-ce qui peut bien justifier une induction
aussi étrange ? Nous le cherchons en vain. — La chaleur, dira-t-on, l'électricité, la lumière, le son, voilà déjà
autant de modes sensationnels où la physique déclare

ne voir qu'un mouvement transformé ; l'induction, qui étend cette vérité à l'activité psychique tout entière, n'est-elle pas naturelle ?

Il nous faut d'abord protester contre cette prétendue transformation, qu'on affirme trop aisément sous le couvert de la science, d'un phénomène de mouvement en un mode psychique particulier.

A la suite des phénomènes de mouvement se produisent des sensations de diverse nature, soit ; ce n'est pas en cela qu'apparaîtra le fait de la transformation. Aussi bien, depuis qu'il existe des hommes, on n'ignore pas qu'à des impressions matérielles, c'est-à-dire à des phénomènes de mouvement, correspondent des sensations ; et si le déterminisme physique date peut-être de cette remarque, du moins, le nouveau déterminisme scientifique se fonde sur la théorie récente de la conservation de la force. Ce n'est donc pas dans la simple succession de mouvements et de faits psychiques que la transformation apparaît, c'est dans les relations numériques témoignant de la constance de certaines quantités, quand on passe des uns aux autres. Eh bien ! voyons de plus près le sens de ces relations.

Il faut, disent les physiciens, une quantité de chaleur égale à une calorie pour soulever 1 kilogr. de matière à une hauteur de 426 mètres, ou inversement : la course d'un corps pesant 1 kilogr., et tombant de 426 mètres de haut, sera capable de lui communiquer la même élévation de température qu'une quantité de chaleur mesurée par une calorie. Qu'est-ce qu'une *calorie ?* La quantité de chaleur capable d'élever de un degré la température de 1 kilogr. d'eau. Mais comment se mesure *un degré ?* Par une augmentation de volume d'une certaine masse de mercure, c'est-à-dire par un certain mouvement moléculaire de ce mercure. Les quantités entre lesquelles on énonce la loi ne sont donc ici que des quantités de mouvement. Que parlait-on de *certain mouvement* qui devient *certaine chaleur* ? On n'établit de relation quantitative qu'entre *tel mouvement* et *tel autre mouvement*.

Dans toutes les lois analogues, on reconnaîtra de même qu'un rapport est simplement énoncé entre des quantités définissant des circonstances déterminées de quelque mouvement, mouvement d'un corps dans l'espace, ou mouvement moléculaire interne d'un certain milieu matériel. S'il y a transformation, ce ne peut être qu'entre des effets cinétiques dont la succession se prête à des lois mécaniques plus ou moins simples, mais déterminables. Et encore *transformation* dit plus qu'il ne faudrait ; il ne s'agit en somme que de succession de phénomènes. « Si les savants, dit fort bien M. Renouvier, ont usé de ce mot *transformation* qui induit le public en erreur et tend à favoriser des idées physiques fausses, à ramener des imaginations et des théories surannées, c'est que les phénomènes de la physique moléculaire correspondent à des effets organiques et ensuite psychiques sensibles, comme chaleur, lumière, etc., et sous telles autres formes connues, de nature également subjective, tandis que les faits du mouvement commun tombent sous l'observation en kilogrammètres mesurables. C'est enfin que ces derniers disparaissent là où les premiers se développent, et vice versa ; mais ce n'est pas que les premiers soient au fond moins dynamiques que les autres et soustraits aux lois générales de la communication du mouvement (1). »

Il faut donc se résoudre à ne pas voir la physique prononcer la moindre équivalence entre un seul phénomène psychique et un phénomène de mouvement.

_____

(1) Renouvier, *Critique philosophique*, 2ᵐᵉ année, p. 41.

Les faits précis, sur lesquels se fonderait le déterminisme scientifique moderne, se réduisent à ceux-ci : Dans quelques cas particuliers, où se produisent subjectivement certaines sensations, des lois physiques ont été établies liant entre eux, d'une façon déterminée, des effets mécaniques objectivement constatés. Que la science parte de là pour essayer de concevoir, sous tous les agents dont elle doit étudier l'action, des phénomènes mécaniques, c'est absolument son droit, même lorsque à l'observation du mouvement se substitue, comme pour les phénomènes lumineux, une simple hypothèse. N'est-elle pas libre de choisir, à son gré, le point de vue le plus commode, le plus propre à l'expression des lois numériques, laissant toujours à l'expérience le soin de contrôler l'opportunité de l'attitude qu'elle a prise ? Mais il ne lui est jamais permis d'affirmer avec certitude, quand elle dépasse, dans ses inductions, les faits jusque-là connus ; et surtout elle franchit les bornes que lui assigne son caractère de science positive, elle cesse d'être elle-même et se transforme en une métaphysique d'autant plus dangereuse, qu'elle ne se reconnaît pas pour telle, lorsqu'elle va jusqu'à déclarer comme sien ce domaine spécial de l'activité psychique, et lui appliquer d'emblée ses conceptions de mécanisme universel. Toute chose dans la nature, en particulier toute manifestation de la vie morale correspond-elle à un phénomène de mouvement déterminé ? C'est d'après la réponse qu'on aura d'abord faite à cette question, et nullement en vertu d'une consultation demandée à la science, qu'on jugera naturelle ou absurde l'extension du mécanisme universel et de la détermination numérique de tous les phénomènes successifs les uns par les autres au domaine psychologique. En d'autres termes, tout ce que les lois de la science moderne semblaient impliquer, comme contradictoire

avec le fait de la liberté, est contenu en réalité, non
pas dans ces lois, mais dans une opinion à priori, suivant laquelle rien n'échappe au déterminisme, pas plus
la volonté que tel autre phénomène physique. Les progrès de la science n'ont rien changé à la forme du déterminisme physique, tel qu'aurait pu le concevoir le premier penseur qui songea à lier par une relation de quantité deux phénomènes les plus simples qu'on imagine.

III

Aussi bien il n'est pas sans intérêt de se demander
ce qui, dans certaines lois mécaniques ou physiques,
a pu faire illusion aux meilleurs esprits, au point qu'ils
y ont vu tout à coup ce que ne contenaient pas les
autres lois, la négation du libre arbitre. Au risque de
paraître énoncer une puérilité, nous dirons franchement que, à nos yeux, c'est une simple question de mots
qui a fait tout le mal. Les théorèmes de mécanique rationnelle qui sont en cause mettent en évidence une
certaine quantité constante dans une succession de
faits. Cette quantité, c'est la vitesse du centre de gravité,
c'est une somme d'aires, c'est une somme de quantités
de mouvements projetées, c'est une somme de forces
vives. La physique y ajoute ce qu'elle nomme l'énergie.
Inconsciemment l'esprit est porté à voir sous ces quantités constantes, des êtres objectifs, autant du moins
que les phénomènes eux-mêmes. La science semble
avoir révélé quelque chose qui se conserve le même,
comme un point central autour duquel doivent se grouper d'une façon déterminée toutes les circonstances
variables. On oublie que la constance, l'uniformité, la
détermination, sont impliquées dans toute loi scientifique. Que dis-je ? elles sont impliquées dans les recherches premières, dans les tâtonnements les plus primi-

tifs de l'esprit humain, s'essayant à soumettre à la quantité le phénomène physique le plus simple.

Toute loi mathématique ou physique n'énonce-t-elle pas, en effet, une relation constante entre plusieurs quantités ? Qu'importe que, par sa forme, elle mette plus ou moins en évidence une quantité qui se conserve ? Il sera toujours possible de la traduire de façon à dégager une quantité fixe. A une même température, le volume d'une masse gazeuse varie en raison inverse de sa pression. On peut aussi bien dire : à une même température, le produit du volume de la masse gazeuse par la pression est *constant*. Si l'on voulait voir dans la permanence de cette quantité un obstacle à toute variation arbitraire de volume et de pression, on reconnaîtrait sans peine que, sous sa première forme, l'énoncé de la loi de Mariotte impliquait les mêmes exigences.

Toute relation entre quantités variables ne renferme-t-elle pas des constantes ? Qu'on résolve l'équation par rapport à l'une d'elles, et on mettra en évidence une fonction des variables qui se conservera la même, sans que la signification de la loi ait changé. Plus simplement encore, si l'on veut, qu'on prenne une relation quelconque $A = B$, où A et B sont fonctions des éléments variables, et qu'on l'écrive $\frac{A}{B} = 1$, ou $A - B = 0$; on tirera ainsi de la loi une quantité *constamment* égale à 1, ou *constamment* nulle. Il n'y aura jamais là qu'un changement de forme pour l'expression d'une même idée, que renferme l'énoncé d'une loi quelconque, et qui est toujours *la constance*. « Nous ne connaissons en toute lumière, dit Poinsot, qu'une seule loi : c'est celle de la constance et de l'uniformité. C'est à cette idée simple que nous cherchons à réduire toutes les autres, et c'est uniquement en cette réduction que consiste pour nous la science. »

Mais alors qu'on y réfléchisse. En nous révélant la

constance de la force vive, de la somme des aires, de l'énergie, la science n'a pas brusquement dévoilé, comme on est trop porté à le croire, de mystérieux secrets d'un genre nouveau. Elle a simplement continué à jouer son rôle. Ce n'est que par une illusion facile à dissiper qu'elle a semblé apporter tout à coup la raison et la preuve de la détermination absolue de tous les phénomènes. Elle n'a sur ce point rien démontré de plus que l'ensemble des lois énoncées depuis plus de deux mille ans par l'esprit humain.

Et enfin, si toutes les lois scientifiques se réduisent, comme le dit Poinsot, à celle de la constance et de l'uniformité, celle-là, cette loi unique, qui est l'idée fondamentale de la science, n'en est pas la conséquence, mais bien le principe directeur. La recherche des lois, qui lient les phénomènes les uns aux autres, procède avant tout de l'hypothèse qu'elles existent. Notre croyance à l'uniformité et à la constance est la raison d'être de la science. Celle-ci énonce des propositions sur le caractère provisoire desquelles nous ne saurions nous tromper, mais qui toutes ont pour fonction de satisfaire, dans une certaine mesure, et sous une forme plus ou moins durable, notre sentiment de la dépendance déterminée des phénomènes, les uns à l'égard des autres. La loi de Mariotte que nous citions tantôt a dû être modifiée après de nombreuses expériences. Ce qui reste seul incontestable sous toutes les formes qu'elle est appelée à revêtir, c'est un élément qui échappe à la science, c'est notre croyance que les états de volume et de pression d'une même masse sont liés par une relation fixe, — croyance *antérieure* à tout ce que nous apprendrons sur ce point des expériences spéciales.

Et c'est ainsi qu'en résumé toutes les théories déterministes, qu'on prétend échafauder sur les progrès de la science, peuvent se ramener à une formule, dont l'origine dans notre esprit et la vraie signification sont discutables, mais qu'on reconnaîtra aussi vieille que la pensée humaine, à savoir, que les phénomènes sont déterminés les uns par les autres, ce qui n'est autre chose, au fond, que l'idée naïve de causalité.

CHAPITRE II

LES CONSÉQUENCES PHILOSOPHIQUES DE LA GÉOMÉTRIE NON EUCLIDIENNE

Après le problème de la liberté, un des exemples les plus frappants de l'illusion, que produit l'usage du principe de contradiction, nous est offert par les interprétations courantes des résultats de la géométrie non euclidienne. D'une façon générale, on exagère, pour des conceptions différentes de celles que manie la vieille géométrie, l'importance de certains développements illimités qui peuvent logiquement s'en déduire. En particulier, tandis qu'un grand nombre de penseurs, y trouvant enfin la preuve de l'origine expérimentale des axiomes de la géométrie, en font une forteresse de l'empirisme, d'autres y voient une œuvre de la raison pure, qui leur permet d'édifier sur de nouvelles bases la thèse idéaliste.

Pour nous, on l'a vu, la condition même du caractère mathématique d'une suite de déductions est que les conclusions ne portent que sur des fictions qui lui servent de point de départ : c'est-à-dire que nous rejetons d'avance la possibilité de voir un pareil développement aboutir aux découvertes que l'on signale. Mais laissons là notre conviction préalable, et discutons directement les problèmes soulevés.

I

Résumons avant tout, au moins dans ce qu'ils ont d'essentiel, les travaux dont il est question.

a. — Les premiers datent du commencement de ce siècle, et remontent à Lobatchewsky et à Bolyaï.

Tout le monde sait que, parmi les « notions communes » qu'Euclide a inscrites au début de la géométrie, il s'en trouve une qui, énoncée sous une autre forme, peut au fond se remplacer par celle-ci : « Par un point on ne peut mener qu'une parallèle à une droite. » Elle est accompagnée de quelques autres de ces propositions qu'on a nommées depuis des axiomes, et auxquelles le géomètre grec donnait sans doute la même importance. Elles représentaient pour lui la quantité de vérités destinée à servir de fondement à la géométrie. Mais il est arrivé que, tout en prenant Euclide pour modèle, et en n'altérant guère que la forme ou l'ordre des énoncés, les auteurs des traités en sont venus à ne citer au début de leurs livres que les notions nécessaires aux premières démonstrations sur les angles et triangles, et à réserver pour le moment opportun l'axiome des parallèles. Cette disposition, qui donne à un si haut degré l'impression d'une lacune dans la suite des déductions géométriques, a été sans doute pour beaucoup dans le besoin de la combler qu'ont témoigné tant d'esprits ingénieux et dans les efforts qu'ils ont faits pour y parvenir. Les recherches sans nombre qu'a suscitées l'axiome n'ont pu aboutir à une démonstration, mais il y avait un autre moyen de résoudre la difficulté, c'était de supprimer l'axiome lui-même. Gauss le premier a songé à construire une géométrie qui en fût indépendante. Ses méditations sur ce sujet ne sont indiquées que vaguement dans sa correspondance. C'est Lobatchewsky et Bolyaï qui ont publié des systèmes complets de géométrie, où les démonstrations se font à la manière d'Euclide, mais où on ne suppose plus qu'on puisse mener par un point une seule parallèle à une droite. A l'axiome euclidien Lobatchewsky substitue la proposition suivante : « Toutes les droites tracées par un même point dans un plan peuvent se distribuer, par rapport à une droite donnée, en droites qui la coupent et en droites qui ne la coupent pas. — La droite qui forme la limite commune de ces deux classes est dite parallèle à la droite donnée. Il y aura deux parallèles à la droite, symétriques par rapport à la perpendiculaire abaissée du point. »

Il est clair que les conclusions de la géométrie nouvelle sont distinctes des conclusions euclidiennes. Elles se réduisent à celles-ci quand on donne à un certain élément dont elles sont affectées une valeur particulière, celle qui correspond au cas où le faisceau de droites, ne rencontrant pas la droite donnée, se réduit à une droite unique. Ainsi la somme des angles d'un triangle n'est plus égale à deux droits, elle est plus petite que deux droits ; mais elle reprend cette valeur quand on restreint les définitions nouvelles à ce qu'elles sont dans la géométrie ordinaire.

b. — La géométrie de Lobatchewsky a reçu un surcroît d'intérêt d'une étude de Beltrami qui en donnait, dans le langage mathématique ordinaire, une interprétation curieuse.

Beltrami considère une surface définie analytiquement par cette propriété que la courbure en chaque point, c'est-à-dire l'inverse du produit des rayons de courbure principaux, a une valeur constante négative. De ce que la courbure est constante, il résulte qu'une

portion de la surface peut être appliquée exactement
sur une autre sans déchirure ni duplicature; la valeur
négative de cette constante a ensuite pour conséquence
que les lignes géodésiques, c'est-à-dire celles qui représentent le plus court chemin entre deux points, peuvent être prolongées indéfiniment, et que, par deux
points donnés sur la surface, il n'en passe jamais
qu'une seule, absolument comme pour les droites tracées dans le plan. Beltrami démontre que par un point
de la surface passent deux lignes géodésiques, rencontrant à l'infini une géodésique donnée et séparant deux
faisceaux, l'un formé de lignes qui la coupent, l'autre
de lignes qui ne la coupent pas. C'est le postulat de Lobatchewsky réalisé, et la série des propositions de la
géométrie non euclidienne va s'appliquer exactement
à cette surface que Beltrami appelle *pseudosphère*.

c. — De son côté, Riemann, dans sa célèbre disser-
tation sur les hypothèses fondamentales de la géométrie, part de l'expression qu'on peut attribuer à la différentielle de la distance de deux points, lorsque, d'une
manière générale, un point se trouve dépendre de n
valeurs algébriques, ou, comme on dit, est compris
dans un espace à n dimensions. Puis, supposant constante et positive une certaine expression analytique
qui représentera la courbure en chaque point, Riemann
est amené à construire une géométrie qui, pour $n = 3$
et $n = 2$, se distingue, comme celle de Lobatchewsky,
mais dans un sens opposé, peut-on dire, de la géométrie
euclidienne. En se bornant au cas de deux dimensions,
on voit, par exemple, qu'étant donnés une ligne droite
et un point, il ne passe par le point aucune droite ne
rencontrant pas la première. Étant donnés deux points,
ils ne déterminent pas toujours une droite unique. La
somme des angles d'un triangle surpasse deux
droits, etc.

Si la géométrie de Lobatchewsky avait trouvé son interprétation sur la surface pseudosphérique de Beltrami, à courbure négative, celle de Riemann s'identifie, pour le cas de deux dimensions, avec la géométrie de la surface de la sphère, l'arc de grand cercle jouant le rôle de droite.

d. — Ce ne sont pas là d'ailleurs les seules interprétations que les mathématiciens aient fait correspondre aux géométries non euclidiennes. MM. Klein, Poincaré, Lie, ont construit des développements analytiques où des hypothèses faites sur les données initiales fournissaient la suite des théorèmes des diverses géométries. Il est inutile, pour le moment du moins, d'insister sur ces travaux; il suffit de signaler la correspondance qui a pu s'établir, grâce à la confection d'un vocabulaire spécial, entre les énoncés des géométries non euclidiennes et ceux de certains développements d'analyse ne sortant en rien du cadre habituel des recherches mathématiques.

Ces quelques points rappelés, reconnaissons d'abord à ces travaux un grand intérêt mathématique. En particulier, déclarons franchement que, du point de vue du géomètre, et dans le sens spécial où il entend la *démonstration*, ils impliquent véritablement la preuve que le postulat d'Euclide ne peut se démontrer. En d'autres termes, ils montrent que ce postulat ne peut se déduire des seules relations quantitatives, posées au début de la géométrie euclidienne, pour traduire, à la façon du géomètre, le *donné* du plan et de la droite. Les mêmes relations étant en effet supposées sur la pseudosphère de Beltrami, par exemple, avec en outre, — cela va sans dire — des circonstances complémentaires, le mathématicien aboutit ici à l'énoncé de Lobatchewsky. Les équations qui l'expriment peuvent donc se déduire d'un ensemble d'autres parmi lesquelles se trouvent les axiomes fondamentaux de la géométrie ordinaire (par deux points ne passe qu'une géodésique, elle peut se prolonger indéfiniment, elle est le plus court chemin entre deux points ; les figures peuvent se transporter sur la pseudosphère en restant invariables de grandeur). Il y a là en somme la démonstration de ce fait que les relations quantitatives traduisant de quelque façon le postulat d'Euclide ne résultent pas de celles qui traduisent les autres : puisque le postulat de Lobatchewsky se trouve faire partie d'un système d'équations qui comprend aussi les premiers axiomes de la géométrie euclidienne, il n'est pas contradictoire avec ceux-là, et l'axiome des parallèles, qui le contredit, ne pouvait donc se déduire logiquement de ces premiers axiomes. Or, c'est bien ce qu'entendra le géomètre quand il déclarera que le postulat d'Euclide n'est pas démontrable. Et ce que nous disons de l'interprétation de Beltrami pourrait se répéter de toutes les autres qui reposent sur un système initial de relations communes à la géométrie euclidienne et à telle autre géométrie (1).

Il y a là un fait qui ne sort pas du domaine mathématique, et que nous pouvons bien reconnaître sans contredire à notre thèse générale. Dans la première édition de ce travail, nous avions eu tort, nous semble-t-il aujourd'hui, d'être effrayé par cette affirmation des néogéomètres que le postulat d'Euclide est décidément reconnu par eux indémontrable. Une pareille conclusion est permise au même titre que tel énoncé de théorème nouveau ; elle ne nous fait pas sortir du domaine où le mathématicien, arrêtant lui-même avec précision les contours de ses concepts, réussit à construire sur eux des démonstrations dont la rigueur le satisfait. *S'il*

1) Voir l'*Étude sur l'Espace et le Temps* de M. Lechalas (p. 47), qui a contribué pour sa part à éclairer nos idées sur ce point.

pose d'abord que, quel que soit le mystérieux du donné de l'intuition géométrique correspondant au plan et à la droite, ce sont les relations A, B, C qui le traduisent ; *s'il admet* que ce sont les seules qui interviennent dans les raisonnements mathématiques vraiment rigoureux, il se trouve bien aboutir à la preuve mathématique que le postulat d'Euclide n'est pas démontrable. Quand nous insistions autrefois sur ce qu'il pouvait y avoir quelque illusion dans cette manière de voir les choses (1), nous avions le tort d'apporter des préoccupations étrangères, par leur objectivité trop absolue, aux conceptions habituelles du géomètre. Nous prenions une attitude trop réaliste. Nous avions le tort de vouloir voir en dehors du champ où s'exerce naturellement l'activité du géomètre. A le pousser ainsi au delà de la

---

(1) Le lecteur saisira mieux notre pensée si nous rappelons ici les réflexions que nous opposions alors à l'affirmation des néogéomètres : « Les objets qu'étudie la géométrie, disions-nous, quelque degré d'abstraction qu'on leur accorde, et malgré les efforts de notre esprit pour les transformer en des êtres purement intelligibles, pour leur affecter une existence et une signification exclusivement logiques, ne peuvent jamais cesser de garder un fond d'objectivité qui échappe à toute définition. Qui pourrait se flatter en particulier de définir complètement ces êtres fondamentaux qui s'appellent la ligne droite et le plan ? Le géomètre raisonne sur ces éléments, il les fait sans cesse entrer dans des démonstrations nouvelles, mais ces démonstrations ne sont pas, à l'exemple des déductions de l'analyse, des suites d'idées où chaque pas nouveau se fait sous la garantie de quelque définition adéquate à son objet, qui s'inquiète peu de n'être que formelle et symbolique. Dans les raisonnements de la géométrie ordinaire, l'intuition ne perd jamais ses droits. Non seulement elle ajoute aux déductions un substratum qui aide et soutient l'esprit, mais il est de plus impossible de dire exactement jusqu'où va son rôle dans les déductions elles-mêmes ; il est impossible de séparer ce substratum du raisonnement logique, et d'y substituer des notions dont l'ensemble lui soit exactement adéquat. Les premières propositions sur la droite et le plan, qui peuvent sembler donner des définitions claires, ne doivent pas faire illusion à cet égard. Loin d'exprimer clairement les propriétés nécessaires et suffisantes, elles ne peuvent échapper à de véritables cercles vicieux, en ce sens que, d'un côté, dans les figures planes formées de droites, il est difficile de dire jusqu'à quel point la nature du plan ne communique pas une

signification de ses termes, c'est à la géométrie tout
entière, à la géométrie démonstrative telle que l'ont
faite les Grecs, que nous aurions fait le procès, et non
pas seulement aux travaux de néogéométrie, dans la
partie où ils mettent en évidence ce point tout mathématique de l'indépendance réciproque de certaines relations quantitatives.

Au surplus, c'est une proposition toute négative qui
se trouve établie : le postulat des parallèles n'est pas
une conséquence logique des autres axiomes explicitement énoncés au début de la géométrie. Cela n'aprend
rien de positif relativement au postulat de Lobatchewsky.
On ne voit pas à priori pourquoi on ne pourrait pas,
par un choix convenable de relations quantitatives
jointes aux premiers axiomes de la géométrie ordinaire,

part de leurs propriétés aux droites, et que, d'un autre côté, le plan
participe nécessairement de la nature propre de la droite. En outre, il
est question, dès le début de la géométrie, d'égalité géométrique. On
connaît la définition adoptée depuis Euclide : Sont égales deux figures
dont l'une peut être amenée à coïncider avec l'autre. Cette définition
contribue évidemment à déterminer le plan, en énonçant pour lui cette
propriété, que les figures peuvent s'y déplacer en restant les mêmes. Or,
que signifie-t-elle? En disant qu'une figure reste invariable, veut-on
entendre que les longueurs restent égales à elles-mêmes, les angles
égaux à eux-mêmes, etc.? Il faudrait alors recourir, pour s'expliquer, à
cette égalité même qu'il s'agit de définir! On n'évite le cercle vicieux
qu'en invoquant une notion que nous possédons tous, celle du déplacement d'un solide invariable de grandeur et de forme. Il faut bien reconnaître ce qu'il y aurait de chimérique à vouloir indiquer la liste des
notions auxquelles équivaut cette donnée, en fonction des propriétés des
figures, c'est-à-dire en première ligne, en fonction des propriétés de la
droite et du plan. Si ces difficultés n'empêchent pas la géométrie de se
dérouler sous la forme que nous lui connaissons, n'est-ce pas que le
géomètre raisonne toujours sur des figures, et qu'il ne lui est pas indispensable, par conséquent, d'avoir dressé la liste complète des définitions adéquates aux données de l'intuition?..... Mais alors sent-on toute
l'illusion de quiconque croirait énoncer, par une liste déterminée de
propriétés, traduisibles en langage analytique, les définitions de la droite
et du plan? Sent-on combien peu on est fondé à déclarer adéquates à
ces êtres de l'intuition géométrique des notions d'algèbre construites
avec telles propriétés quantitatives déterminées? »

déduire telle autre formule, si extravagante qu'elle parût.

N'est-on pas frappé plus qu'il ne convient de ce que les géométries non euclidiennes peuvent se poursuivre indéfiniment, et n'y voit-on pas en quelque mesure la justification des principes initiaux? Il serait naïf d'insister sur ce que les propositions les plus étranges peuvent servir de point de départ à des chaînes illimitées de conséquences logiques, ne présentant d'ailleurs jamais à notre esprit rien de plus inacceptable que les premières. Le déroulement à l'infini des géométries non euclidiennes aboutit en somme à nous placer devant des conceptions curieuses, témoignant de l'ingéniosité sans limite de notre esprit, — mais est-il capable d'apporter un seul argument nouveau pour établir, contre Kant, l'origine expérimentale de notre connaissance géométrique, — ou pour justifier un idéalisme plus large encore que celui de Kant, — telles sont les questions qu'il nous faut aborder sans retard.

II

Et d'abord comment l'empirisme a-t-il pu tirer partie des travaux de géométrie non euclidienne? Le postulat d'Euclide, disent les néogéomètres, n'est pas démontrable, donc c'est l'expérience qui l'a suggéré. — Mais pourquoi cette attitude spéciale à l'égard de l'axiome des parallèles? Il n'en manque pas d'autres qui ne sont pas non plus démontrables, que même jamais personne n'a cherché à démontrer, et à propos desquels cependant la question de leur origine est restée toujours ouverte.

Est-ce que le postulat d'Euclide présenterait un caractère synthétique si accentué qu'on en fût effrayé, et qu'on n'osât pas y voir une notion à priori? Mais on

oublierait donc la position que prenait Kant à l'égard
de tous ces axiomes? Se préoccupait-il de savoir, pour
les déclarer aprioriques, s'ils étaient démontrables, s'il
était possible de les déduire d'une analyse rigoureuse
des termes, s'ils étaient analytiques? et se prenait-il à
hésiter en présence de ceux dont le caractère synthétique semble plus évident? On sait bien le contraire.
Tous les axiomes de la géométrie sont pour Kant en
même temps synthétiques et à priori, sans exception,
pas même quand il s'agit de cette proposition, que la
droite est le plus court chemin d'un point à un autre; et
on imaginerait difficilement une affirmation plus synthétique que celle-là. Eh bien! donc, comment soutenir
que l'axiome des parallèles, en cessant d'être une conséquence logique de propositions antérieurement posées, doit apparaître aussitôt comme ayant une origine
empirique?

L'erreur que nous signalons a évidemment sa cause
dans les acceptions diverses qu'on attribue au mot *nécessaire*. Le postulat des parallèles n'est pas démontrable, donc, ajoute-t-on, il n'est pas nécessaire. C'est
donc de nécessité logique qu'il est question, de celle
qui résulterait d'une démonstration rigoureuse : soit !
Mais, lorsque ensuite on conclut au caractère non apriorique de l'axiome, on raisonne mal, car on substitue à
la nécessité logique celle qui s'impose à tout esprit, en
tout temps, en tout lieu, et surtout en dehors de toute
expérience. C'est ce dernier sens, celui de Kant, qui
exclurait évidemment l'origine empirique : or, on sent
la distance qui le sépare du premier.

Si les néogéomètres n'avaient pas d'autre argument
pour affirmer l'origine expérimentale de l'axiome d'Euclide que le sentiment d'avoir établi qu'il n'est pas démontrable, il nous semble qu'il serait vraiment inutile
d'en dire plus long. Mais au fond, ce n'est peut-être pas

là le point essentiel. Nous avons eu surtout en vue jusqu'ici la géométrie de Lobatchewsky. Les travaux tels
que ceux de Riemann ou de Helmholtz ou de M. Lie,
qui ont pour objet une reconstitution des principes fondamentaux de la géométrie, nous offrent dans la question que nous examinons maintenant un intérêt spécial.
Arrêtons-nous un instant sur ces travaux.

Voilà Riemann, par exemple, qui, partant de la notion de quantité [qu'il restreint d'abord à celle des quantités continues, mesurables entre elles], conçoit la multiplicité à n dimensions, c'est-à-dire celle où un point
dépendrait de n de ces quantités, — puis se donne pour la
différentielle d'une ligne une expression telle que la
courbure en un point (une certaine fonction analytique
des différentielles des coordonnées) reste constante. Il
est alors en possession d'un concept général d'espace
qu'il faut restreindre, pour l'amener à coïncider avec
l'espace euclidien, d'abord en réduisant à trois le
nombre des dimensions, et enfin en attribuant une valeur nulle à la courbure.

Helmholtz passe de même de la multiplicité à n dimensions à l'espace euclidien. Les fonctions analytiques
que Riemann choisit pour point de départ sont déduites
par Helmholtz de quelques hypothèses sur le mouvement des corps. L'illustre savant est amené à considérer, parmi les multiplicités à n dimensions, celles où
se trouvent des systèmes indéformables et mobiles. Il
suppose en outre le mouvement d'un solide entièrement
libre, et enfin il restreint encore le concept de sa multiplicité spatiale par cette condition, que, si $n - 1$ points
d'un système sont fixés, il repassera par la position initiale. Pour distinguer parmi les espaces ainsi définis
l'espace euclidien, il ne lui reste plus alors qu'à supposer le nombre des dimensions égal à 3, et à admettre que
les dimensions d'un point peuvent grandir indéfiniment.

Enfin, citons encore les travaux de MM. Lie et Poincaré qui s'inspirent, comme Helmholtz, du déplacement des systèmes invariables. Donnant deux dimensions au plan, et acceptant que la position d'une figure plane dépende de 3 paramètres, M. Poincaré (1) est conduit par la théorie analytique des *groupes* du géomètre norvégien à un certain nombre de géométries planes, parmi lesquelles il ne retrouve la géométrie euclidienne qu'en ajoutant les deux hypothèses suivantes : Si une figure plane ne quitte pas son plan et que deux de ses points restent immobiles, la figure entière reste immobile, et ensuite : la somme des angles d'un triangle est constante.

Ces travaux ne semblent-ils pas, en énonçant les conditions nécessaires et suffisantes pour l'existence de notre géométrie, en aboutissant par conséquent à une sorte de définition du concept d'espace qui en est la base, ne semblent-ils pas, dis-je, ruiner la thèse de l'idéalisme kantien ? Ne donnent-ils pas pour ce concept un assemblage d'éléments où rien n'apparaît comme nécessaire, ni les éléments eux-mêmes, ni leur mode d'association ? « L'analyse de Riemann et les études postérieures, dit M. P. Tannery, ont montré d'une façon nette et précise que le concept d'espace est formé par une association de diverses notions parfaitement distinctes les unes des autres, celles de grandeur, de continuité, de dimension, de triplicité, de mesure, d'identité de l'unité de mesure suivant les diverses dimensions, de distance, de loi analytique relative à la distance de deux points. Il est également prouvé qu'il n'y a subjectivement rien de nécessaire dans l'association de ces notions, ni dans la forme spéciale que revêt la dernière. Que les lois de notre entendement

(1) *Bulletin de la Société mathématique*, t. XV, p. 203.

jouent leur rôle dans la constitution de ces notions, cela n'est pas douteux, et la discussion peut seulement porter sur le plus ou moins d'importance de ce rôle. Mais, quant à leur association, ces lois ne paraissent nullement y contribuer; on peut, en effet, la bouleverser de toutes les façons possibles, on peut y introduire certaines autres notions différentes, tout en maintenant au concept son caractère logique, qui lui permet d'être l'objet d'une science. Rien ne reste donc du concept qui soit subjectivement nécessaire... Toute proposition sur l'espace est donc subjectivement contingente et ne diffère pas à cet égard des autres propositions qui peuvent être formulées comme lois de phénomènes extérieurs. Ces diverses conclusions peuvent-elles être mises d'accord avec la véritable pensée de Kant ?... Cela, à la rigueur, est possible... Montrer qu'elles n'ébranlent pas un point fondamental du système serait une tâche que je ne puis que décliner... (1) »

Le maître, dont nous donnons ici la pensée, ne s'est-il pas fait illusion sur les difficultés de la tâche qu'il décline ? Où aboutissent en somme les travaux qui nous intéressent ? Ils cherchent à donner une définition de l'espace à l'usage de la science, à construire un concept de l'espace qui puisse servir de point de départ à la géométrie. La question consiste à dresser une liste de propositions qui, une fois posées, aient comme conséquence le développement que possède actuellement la géométrie. On sent d'avance l'indétermination du problème. Aucune restriction, aucune condition ne sont imposées ni au choix des propositions, ni au choix des éléments sur lesquels on bâtira les fondements de l'édifice qui doit se confondre, après un certain nombre d'assises, avec notre géométrie. Les solutions de Rie-

(1) *Rev. Philos.*, 3, p. 574.

mann, de Helmholtz, de M. Poincaré satisfont à la question : tout se passe en géométrie comme si on eût pris la série des postulats qu'elles nous offrent pour point de départ. Un mode de groupement curieux d'éléments empruntés à la perception, et de notions empruntées à l'analyse mathématique, se trouve réaliser un échafaudage qui, logiquement, pourra se substituer à l'idée d'espace, au début des déductions géométriques.

Le procédé commun à toutes ces solutions est assez facile à saisir : il consiste à faire rentrer la notion d'espace dans des genres de plus en plus généraux. On redescend ensuite du plus général, auquel on a jugé à propos de s'élever, jusqu'au concept qui sert de base à notre géométrie, par une série de restrictions successives. Cela est fort intéressant, mais enfin croit-on vraiment qu'il nous fallait voir réalisée cette double marche ascendante et descendante dans les travaux cités pour penser qu'elle était possible ? Riemann choisit, pour la différentielle de la distance de deux points, une expression plus générale que celle qui convient à notre géométrie euclidienne : elle ne se réduit à celle-ci que dans un cas particulier. Riemann, Helmholtz, et tous les néo-géomètres d'ailleurs, substituent d'abord n dimensions aux 3 de notre espace. Mais, en vérité, qui a pensé jamais qu'il y eût là quelque chose d'impossible ? Se trouve-t-on plus édifié par les travaux eux-mêmes, fondés sur de telles généralisations, que par la fantaisie qui eût pu en suggérer l'idée à quelque esprit spéculatif ? Supposez qu'on eût dit à Kant, avant la publication d'aucun des travaux dont il s'agit : « Introduisons n variables, au lieu de 3, dans les équations de la géométrie analytique, les résultats de celle-ci ne se présenteront plus que comme cas particuliers, correspondant à la valeur 3 donnée à n. » N'y eût-il pas eu dans cette simple idée, ainsi exprimée, tout ce qu'on nous donne comme

capable d'ébranler la croyance au caractère nécessaire
de nos 3 dimensions? Or croit-on sérieusement que la
pensée de Kant en eût été troublée et qu'il se fût aussitôt écrié : Si je peux considérer les relations géométriques habituelles comme cas particuliers de relations
plus générales dépendant de n dimensions, c'est donc
que mon esprit n'est pas obligé de ne donner que 3 dimensions à l'espace ? Supposez encore qu'on eût attiré
son attention sur ce fait que la notion d'espace n'est
pas étrangère à celle de quantité, puisque la géométrie
analytique, depuis Descartes, ne fait pas autre chose
que de substituer de plus en plus la quantité pure à
l'intuition géométrique : n'y eût-il pas eu dans cette remarque, que les connaissances mathématiques de Kant
rendaient inutile, de quoi lui suggérer, bien avant Riemann et Helmholtz, l'idée des rapports logiques par
lesquels on peut relier les concepts de quantité et d'espace ? Kant savait bien la possibilité pour la science de
ramener l'idée d'espace à celles de nombre et de quantité, et il ne semble pas qu'en lui l'analyste pût infirmer
les conclusions du métaphysicien. Du reste, sans faire
appel aux connaissances mathématiques du philosophe
de Kœnigsberg, rappelons seulement un des axiomes
qu'il donnait comme nécessaires et à priori : la droite
est le plus court chemin d'un point à un autre. N'entre-
t-il pas dans cette simple proposition, qui contribuait
pour lui à définir le concept d'espace, les idées de quantité (*le plus court* chemin), et de mouvement (*chemin*,
parcouru par un mobile qui se déplacerait d'un point
vers l'autre) ? Dira-t-on que cela avait pu échapper à
Kant ? Mais, bien au contraire, c'est parce qu'il sentait
que dans un pareil postulat s'associaient des notions
aussi diverses qu'il le disait synthétique.

Ainsi les généralisations logiques, qui, dans les travaux récents, font rentrer le concept de notre espace,

et plus généralement le concept d'espace, dans des genres de plus en plus larges, ces sortes de classifications curieuses n'avaient pas besoin des travaux mathématiques eux-mêmes pour être envisagées comme possibles, et le langage de Kant n'est pas incompatible avec elles.

Soit, dira-t-on peut-être, mais ce que les travaux récents ont appris, c'est qu'on peut diversement effectuer ces classifications logiques, c'est qu'ils présentent sous différents aspects, dont aucun ne s'impose de préférence aux autres, le mode de dépendance du concept d'espace à l'égard des notions auxquelles on le rattache. La réponse d'un idéaliste kantien est toute prête : Ces groupements ont la même importance logique, en ce sens que l'on fait abstraction de la signification concrète des termes et qu'on ne se préoccupe que de l'enchaînement formel des propositions. Ils peuvent bien se substituer les uns aux autres, et aussi aux axiomes fondamentaux de la géométrie, sans rompre le lien logique qui rattache la chaîne des déductions géométriques à ses premiers anneaux, mais ce sont des jeux d'esprit, ils sont artificiels, arbitraires : Un seul système est nécessaire, c'est celui qui se réduit purement et simplement à l'énonciation des axiomes de notre géométrie.

Si l'on conteste la légitimité de cette réponse, au nom de la géométrie non euclidienne, je crains que ce ne soit encore parce qu'on ne s'entend pas sur le sens des termes. Les néogéomètres objecteront qu'ils ne se placent qu'au seul point de vue de la nécessité *subjective* et qu'il leur suffit que l'esprit *puisse* édifier diverses constructions logiques aboutissant au concept d'espace, pour avoir le droit de déclarer ce concept subjectivement contingent et, par conséquent, pour rejeter son caractère à priori. C'est ici précisément qu'ils s'écartent

du sens et du langage de l'idéalisme kantien. La nécessité qu'accorderait un disciple de Kant aux axiomes de
la géométrie euclidienne, à l'exclusion de tous les
autres systèmes de propositions qu'on veut y substituer, c'est bien aussi une nécessité subjective, c'est une
nécessité qui résulte de la nature de notre esprit. Mais
c'est une autre signification que les néogéomètres don-
neront à ce mot *subjectif*, et il n'est pas besoin d'aller
très loin pour la trouver, c'est celle que nous avons
précisément adoptée au cours de notre étude, quand
nous avons voulu caractériser par ce terme ce qui est
construit par l'esprit sans lui être imposé, ce qui est,
en quelque mesure au moins, arbitraire, artificiel,
fictif, en ce sens que l'esprit, en construisant, a conscience qu'il pourrait procéder autrement. Il est bien
évident que dans ce sens la diversité des constructions
est la marque même de leur subjectivité, et que les
termes *nécessaire et subjectif* sont contradictoires.
Mais c'est affaire de définitions, et Kant n'adopte pas les
mêmes. Déclarer nécessaires et subjectivement nécessaires les axiomes de la géométrie, c'est à ses yeux
affirmer que, étant donné notre esprit tel qu'il est nous
ne pouvons pas nous écarter dans l'intuition des relations exprimées par ces axiomes. Et, ainsi comprise, la
position de l'idéalisme kantien ne nous paraît pas être
ébranlée par ce simple fait que des constructions logiques en nombre quelconque, où l'on ne se préoccupe
même pas de faire appel à l'intuition, peuvent indiffé-
remment servir de point de départ aux déductions géométriques.

Mais, sur ce terrain véritable, le criticisme de Kant
n'est pas sans avoir subi de rudes assauts de la part
des néogéomètres. C'est surtout Helmholtz qui nous
semble avoir fait les efforts les plus sérieux pour le
combattre, non pas tant par les travaux auxquels nous

avons déjà fait allusion, que par les commentaires que
lui ont suggérés les études de Beltrami. Rappelons
d'abord que Helmholtz accepte bien la formule kan-
tienne « L'espace est la forme à priori du sens extérieur », mais il ne l'entend pas comme lui. A ses yeux,
la notion qui est à priori n'implique pas de préférence
tels ou tels rapports spatiaux, elle est en particulier
indépendante des relations affirmées par les axiomes
de la géométrie. Ceux-ci ne sont que *la matière* de
l'idée d'espace. Et c'est l'expérience seule qui pourra
les justifier, tandis que pour Kant, au contraire, la notion
d'espace trouve son expression naturelle dans les
axiomes, c'est d'eux que lui vient son caractère apriorique, et ce qui conduit Kant à les dire nécessaires et à
priori, c'est, nous le rappelions tout à l'heure, l'impossibilité de s'écarter dans l'intuition des vérités qu'ils
expriment. Helmholtz, pour combattre directement cette
thèse, s'efforce de créer idéalement l'intuition d'un espace où les axiomes ordinaires ne seraient plus vrais.

Il lui faut avant tout expliquer ce qu'il entendra par
la représentation intuitive d'une chose qui sort absolument du champ de notre intuition commune. Helmholtz
admet qu'un objet inconnu est représentable en intuition quand sont représentables toutes les impressions
sensibles qu'il suscite en nous, suivant les lois connues
de nos organes, et sous toutes les conditions possibles
d'observation. Puis, fort de cette définition, il cherche,
entre autres exemples, à énumérer la série des impressions sensibles que produiraient sur nous les phénomènes de l'espace pseudosphérique. Il ne s'agit pas là
seulement de la surface de Beltrami. En introduisant
dans ses calculs une variable de plus, le géomètre ita-
lien a étendu ses conclusions à ce qu'il a appelé l'espace
pseudosphérique. C'est cet espace où Helmholtz nous
fait pénétrer.

Pour comprendre son langage, il faut connaître le procédé par lequel Beltrami a obtenu aisément tous ses résultats. Définissant un point de la pseudosphère à l'aide de deux coordonnées u, v, il considère, en même temps qu'un point de cette surface, le point du plan dont u et v seraient les coordonnées cartésiennes. Grâce au choix des coordonnées u et v, il arrive alors que les droites du plan correspondent aux lignes géodésiques de la pseudosphère. et les points d'une circonférence de rayon fini correspondent aux points à l'infini de la surface, de sorte que celle-ci a, dans un certain sens, sa représentation complète à l'intérieur d'un cercle. A deux lignes géodésiques se coupant à l'infini correspondent deux cordes du cercle ayant une extrémité commune ; à deux lignes se rencontrant ou ne se rencontrant pas correspondent deux cordes se coupant à l'intérieur ou à l'extérieur du cercle. — C'est de la même manière que l'espace pseudosphérique, où chaque point sera défini par trois coordonnées, trouve une ingénieuse représentation dans l'intérieur d'une sphère.

Cela posé, voici comment d'après Helmholtz « les phénomènes d'un monde pseudosphérique apparaîtront à un observateur dont l'œil et l'appréciation se seraient formés dans un espace analogue à notre espace plan. A son entrée dans la pseudosphère, cet observateur continuerait à regarder les rayons lumineux ou les lignes de vision comme des lignes droites, tout aussi bien que dans l'espace plan, et comme elles le sont en réalité dans la représentation sphérique de l'espace pseudosphérique. L'image visuelle des objets dans la pseudosphère lui ferait donc la même impression que s'il se trouvait au centre de la sphère représentative de Beltrami. Les objets les plus éloignés lui sembleraient l'entourer à une distance finie, de 100 pieds par exemple.

Mais, s'il se transportait jusqu'à eux, il les verrait s'étendre devant lui et plus en profondeur qu'en surface.; derrière lui, au contraire, ils se contracteraient. Il reconnaîtrait l'erreur d'appréciation commise par ses yeux. S'il avait vu deux lignes droites qui lui parussent parallèles jusqu'à cette distance de 100 pieds, où le monde s'arrête pour lui, il reconnaîtrait en s'approchant que, par cette extension des objets avoisinants, elles s'écartent d'autant plus qu'il s'avance davantage ; derrière lui au contraire, leur distance semblerait diminuer de façon qu'elles paraîtraient de plus en plus divergentes et éloignées l'une de l'autre. Deux lignes droites, qui, de la première position, lui auraient paru se couper en un seul et même point, derrière lui, à une distance de 100 pieds, en feraient toujours autant, et il aurait beau s'approcher, il n'atteindrait jamais le point d'intersection (1). »

N'éprouve-t-on pas une sensation de surprise, en passant brusquement de la correspondance analytique, établie par Beltrami entre deux systèmes de coordonnées, à la correspondance effective de deux séries d'impressions? Est-ce que Helmholtz ne donne pas à son tour une interprétation physique et physiologique de celle de Beltrami?

Son explication n'a de sens que par une hypothèse qu'elle admet implicitement, à savoir que les images représentatives, construites par Beltrami à l'intérieur d'une sphère, doivent devenir des images réelles pour l'observateur qui aura pénétré dans le monde pseudo-sphérique. Mais alors, si, pour nous donner un exemple d'une série d'impressions différentes des nôtres, Helmholtz nous eût simplement demandé de supposer possibles celles dont il fait l'énumération, on comprend

_____

(1) *Revue scientifique*, juin 1877. Les axiomes géométriques, origine et signification.

difficilement ce qu'eussent gagné ses arguments au travail mathématique de Beltrami. Qu'importe au philosophe allemand que l'énumération de ces impressions d'un nouveau genre évoque, par un rapport purement extérieur, quelques propriétés analytiques curieuses ? Tout au plus laissons à ce monde étrange où nous conduit Helmholtz le nom de pseudosphérique, c'est affaire de mot, mais distinguons bien entre l'espace pseudosphérique du mathématicien et celui du physicien et du physiologue. Quand c'est à des instruments d'optique qu'a recours Helmholtz pour nous rendre représentables des impressions visuelles non ordinaires, le secours de ces instruments, en réalisant les impressions dans des cas particuliers, éclaire d'un grand jour et appuie solidement la pensée du savant; mais il n'y a aucun rapprochement à faire entre ce rôle des miroirs ou des lentilles et celui du travail de Beltrami.

De quelque façon qu'on juge la thèse philosophique de Helmholtz, il ne semble donc pas que, pour l'approuver ou la combattre, on puisse manquer d'un seul élément nécessaire à la discussion, si on laisse complètement de côté la géométrie non euclidienne.

La même remarque s'appliquera d'ailleurs à tous les exemples d'intuition spatiale différente de la nôtre, qu'il a pu plaire à tel ou tel esprit ingénieux d'imaginer. Que les discussions provoquées par les travaux de métagéométrie aient été l'occasion de ces hypothèses plus ou moins étranges, cela est certain. Mais, en tout cas, ces travaux eux-mêmes n'apportent pas un seul argument en faveur de leur légitimité, pas une seule explication pour les rendre plus compréhensibles. Dites, par exemple: Notre intuition est inséparable de trois dimensions, mais qui sait si nous n'aurions pas pu, dans d'autres circonstances, en connaître quatre, qui sait s'il n'est pas des êtres et un monde pour lesquels la quatrième dimension existe, qui sait enfin si cet espace où nous vivons n'a pas quatre dimensions ou même plus, sans que nous puissions croire à plus de trois? Dites cela, et cette simple énonciation de questions plus ou moins compréhensibles contiendra tout ce que notre esprit est capable de trouver ou de créer pour élucider ces questions: les géométries non euclidiennes, sous prétexte de manier les mêmes mots dans leur langage, ne sauraient rien y ajouter.

III

Il nous reste à voir si les travaux des néogéomètres qui n'ont pu, à nos yeux, apporter quelque argument nouveau en faveur de l'empirisme, peuvent être invoqués, au contraire, comme quelques-uns l'ont prétendu, à l'appui de la thèse idéaliste.

En deux mots, voici ce qui est allégué. A l'exemple de Lobatchewsky, de Riemann et des néogéomètres dont nous avons parlé jusqu'ici, mais d'une façon différente, M. Calinon (1) a élaboré les définitions essentielles qui peuvent servir de base à une *géométrie des espaces à trois dimensions*, géométrie générale dont celle d'Euclide ne serait qu'un cas tout particulier. Les espaces à courbure constante eux-mêmes ne sont que des cas particuliers, et il faut que ceux-ci deviennent identiques (possibilité du transfert sans déformation), et enfin que l'axiome des parallèles y soit vrai, pour qu'on puisse reconnaître l'espace euclidien. Dans le cas le plus général, la série des théorèmes se poursuit aussi loin que l'on veut avec la même rigueur que dans

(1) Voir l'*Introduction à la géométrie des espaces à trois dimensions*, de M. CALINON, ainsi que les articles de MM. CALINON et LECHALAS publiés dans la *Revue philosophique*, la *Critique philosophique*, les *Annales de philosophie chrétienne* en 1889, 1890, 1891.

la géométrie ordinaire. Une géométrie générale se trouve ainsi créée, dépendant d'un paramètre dont il n'appartient pas à l'esprit mais à l'expérience de fixer la valeur. Nous retrouvons ici, à l'égard de la géométrie ordinaire ou euclidienne, qui correspond à une valeur particulière du paramètre en question, les conclusions empiristes que nous avons déjà discutées. Mais la thèse nouvelle présente ceci d'original, qu'elle s'élève au-dessus des géométries particulières pour voir, dans la géométrie générale, une *construction purement rationnelle*, sans postulats, fondée sur des définitions à priori, qui se trouvent d'ailleurs légitimées par le seul fait de donner naissance à un développement logique indéfini. Cette science, la véritable géométrie rationnelle, est ainsi tout entière, et à priori, une création de l'esprit, l'expérience n'intervenant ensuite que pour guider pratiquement dans le choix de la géométrie particulière qui nous convient en réalité.

On voit comment, loin de sacrifier l'idéalisme à la géométrie non euclidienne, on ne fait que modifier celui de Kant, en changeant sa matière. C'est un peu déjà ce que faisait Helmholtz, diminuant la partie formelle de la notion d'espace de tout le contenu des axiomes géométriques. Mais, pour Helmholtz, la part de l'esprit se réduisait alors à une notion vague, dépouillée de toute relation spatiale particulière, ce qui nous éloignait sensiblement de l'idéalisme kantien et nous donnait bien le droit de ranger Helmholtz parmi les empiristes. Ici, c'est différent : pour ôter leur caractère apriorique aux postulats spéciaux de la géométrie euclidienne, on ne laisse pas seulement à l'esprit le pouvoir de se former une notion d'espace sans contenu, pour ainsi dire ; on le reconnaît créateur, et à priori, de toute une géométrie au développement illi-

mité, de tout un corps de science, formé d'une suite
indéfinie de propositions. A ce prix vraiment on ne
risque plus d'être disqualifié d'idéaliste, pour ne l'être
pas à la manière de Kant.

Pour dégager la géométrie non euclidienne de conséquences aussi graves, nous ferons porter la discussion
sur trois points essentiels :

1° La géométrie générale est-elle sans postulats, et
peut-elle se former sans emprunt à l'expérience?

2° Que faut-il penser de la légitimité des notions premières fondées sur le développement logique qui s'en
déduit ?

3° Cette géométrie générale se présente-t-elle comme
unique, déterminée ?

1°

Dans ces sortes de travaux où la géométrie ordinaire est présentée comme cas particulier d'une science
plus générale, on peut supposer, si l'on n'y réfléchit
pas, que les éléments fondamentaux de notre géométrie : droites, points, distance, etc., vont sortir tout naturellement, par une série de restrictions, de notions
rationnelles posées par nous tout d'abord : il suffit de
regarder de près les travaux eux-mêmes, comme celui
de M. Calinon, par exemple (si intéressant d'ailleurs et
si original au point de vue mathématique) pour constater, comme on pouvait s'y attendre, que ce sont, au
contraire, les notions générales, prétendues rationnelles, qui sortent des éléments habituels de notre intuition. Les espaces à trois dimensions sont présentés
comme une généralisation des surfaces de la géométrie
ordinaire, et toutes les définitions, sans exception, sont
tirées, par généralisation ou simplement par analogie,
des propriétés du plan, des droites et des surfaces.
Certes, si on avait pu faire disparaître de la définition

tout ce qui en rappelle l'origine, nous n'aurions pas le droit d'arguer de celle-ci pour contester le caractère rationnel de la notion qu'on nous offre. Mais non ; les matériaux concrets, qui ont guidé l'esprit dans la construction de la définition, sont toujours présents. Celle-ci s'exprime à l'aide des éléments complexes, inexpliqués, que nous avons déjà signalés au début de la géométrie ordinaire. Citons au hasard : « Il y a des surfaces, dit M. Calinon, comme le plan et la sphère, où les figures peuvent se mouvoir sans se déformer ; nous appellerons ces surfaces identiques à elles-mêmes : de même nous donnerons le nom d'espaces identiques à eux-mêmes... à ceux où les figures peuvent se déplacer sans déformation comme dans l'espace euclidien. » Il serait aisé d'insister sur l'incompréhensibilité de cette notion du déplacement sans déformation (1) : comment un ensemble de définitions impliquant de pareils éléments pourrait-il constituer une science purement rationnelle?

M. Lechalas, l'éloquent défenseur de la géométrie générale, — voulant répondre à ce grief, formulé de divers côtés (2), qu'elle ne peut pas échapper à une foule de postulats dans les toutes premières propositions de la géométrie, — a donné, dans les *Annales de Mathématiques*, la démonstration d'une série de théorèmes concernant le plan et la droite (plus généralement les surfaces identiques et leurs géodésiques). L'auteur établit, par exemple, qu'une demi-droite, tournant autour de son origine, engendre le plan d'un mouvement continu, sans retour sur les parties engendrées ; qu'une droite partage le plan en deux régions ; qu'une

---

(1) Voir la note de la page 138.
(2) Voir les articles consacrés à ce sujet par MM. Renouvier (*Critique philosophique*), et l'abbé Broglie (*Annales de philosophie chrétienne*).

deuxième droite, joignant deux points respectivement
situés dans les deux régions, rencontre la première, etc. ;
c'est là un travail fort ingénieux, où les emprunts faits
nécessairement à l'intuition ou à l'expérience reçoivent
un arrangement curieux, mais nous ne voyons pas qu'ils
disparaissent.

Les premières propositions s'appellent, il est vrai, des
définitions, mais ce n'est là qu'un mot, ce que nous
disions tantôt de celles de M. Calinon subsiste complètement pour celles-ci. M. Lechalas reproduit la définition des surfaces identiques, déjà citée, puis celle des
géodésiques : Une géodésique d'une surface identique
est une ligne située sur elle, et telle que par deux points
de celle-ci il n'en passe qu'une en général. Mais, nous
dit-on ce qu'est une surface, une ligne, un point, une
figure, un déplacement, etc. ? Voilà autant de notions
absolument inexpliquées qu'on nous fait accepter en
bloc, et qu'on va introduire dans cette chaîne de déductions prétendues logiques. Je ne sais rien de ces notions,
je ne sais pas ce qu'elles sont, et je ne puis donc même
pas dire si elles peuvent être, c'est-à-dire si elles ont
droit à l'existence logique, au moins comme simples
objets de pensée. Je sais encore moins ce que signifieront les groupements de ces éléments qu'on me soumet
sous le titre de définitions. Comment pourrais-je dire
s'ils sont légitimes ? En raisonnant comme si toutes ces
notions avaient une signification logique, et comme si
le mode d'association auquel on les soumet était légitime, est-ce qu'on ne sous-entend pas une série de postulats ? On répondra que tout ne se peut définir et que
les premières définitions doivent nécessairement poser
les éléments sur lesquels elles portent, sans essayer de
les analyser ; soit ! Nous pensons absolument de même
mais nous exprimons précisément cette idée en déclarant que les postulats sont nécessaires et que l'esprit

ne peut pas créer ainsi la géométrie sans emprunter à l'expérience ou à l'intuition des éléments irréductibles, en d'autres termes : que la géométrie ne pourra, dans aucun cas, se poser comme une construction logique . sans postulats.

2°

Tout ce qu'on peut demander aux définitions, diront les partisans de la géométrie générale, c'est de ne pas impliquer de contradiction. Or, pour les premières, le travail analytique qui seul saurait garantir à priori l'absence de contradiction, est impossible, nous le reconnaissons, les premières notions associées ne pouvant se ramener à des éléments antérieurement acquis. Mais un autre moyen nous reste de légitimer le point de départ d'une science telle que la géométrie : c'est la possibilité d'en déduire une suite indéfinie de propositions sans se heurter jamais à rien de contradictoire. M. Calinon nous semble bien avoir adopté, dans ce choix d'une condition de légitimité, une définition pure et simple, et, sur ce terrain, il est alors inattaquable. Si *l'on convient* de dire : *sera légitime* toute proposition initiale d'où nous pourrons faire découler un développement illimité de théorèmes et de corollaires, toutes les définitions de la géométrie générale se trouvent légitimes. C'est une pure question de mots. Mais quelles conséquences sérieuses tirerait-on ensuite de cette constatation ? Lorsqu'on présente la géométrie générale comme capable, par sa seule existence, de légitimer les propositions premières, et que l'on conclut au caractère logique de la construction totale, pour y voir une création de l'esprit qui peut passer pour la vraie science géométrique rationnelle, la légitimité dont on se prévaut prend une signification capitale. Nous exigions tout à l'heure des postulats pour grouper des notions échappant à toute définition, et pour reconnaître à ces notions au moins l'existence d'objets de pensée : c'est la réponse à cette objection qu'au fond on apporte ici, quand on allègue le développement logique construit sur ces notions et se poursuivant indéfiniment sans jamais rencontrer d'écueil.

Eh bien, qu'on y regarde de près cependant. Si d'une proposition, où entrent des termes inexpliqués, et qui ne s'impose pas d'elle-même comme exempte de contradiction, on déduit un nombre aussi grand qu'on voudra de propositions nouvelles, comment affirmera-t-on pour la millième, mieux que pour la première, qu'elle n'est pas contradictoire ? Certes, il n'est pas toujours nécessaire de comprendre le sens de tous les termes pour reconnaître la contradiction : Quelle que soit la signification de la droite et du point, après avoir dit, par exemple, que par deux points ne passe qu'une droite, on ne pourra plus dire sans contradiction qu'il en passe deux. Mais, quand on ne se heurte pas à une association de termes manifestement absurde, comment imagine-t-on que l'on pourrait jamais être conduit à une contradiction en raisonnant sur des éléments qui échappent à toute analyse ? Car ils n'ont pas disparu, ces éléments inconnus que l'on s'est trouvé impuissant à définir, que l'on a posés sans les expliquer, et qui empêchaient d'apprécier la légitimité des premières propositions ! S'imaginerait-on que ce bloc de matière complexe, apporté par celles-ci de toutes pièces, va, en se répandant dans des suites infinies de raisonnements, se réduire en traces impalpables, et se dissiper peu à peu ? Voilà vraiment ce qu'il serait difficile de concevoir. Aussi longtemps qu'on parlera de droites, de plans, de figures, toutes les mystérieuses propriétés, qui pour ces êtres géométriques se cachaient sous des mots inexpliqués, seront toujours là, servant indéfiniment de support véritable aux démonstrations. Et comment pourrions-nous

déclarer la compatibilité ou l'incompatibilité logique de
notions, que nous ne savons pas analyser, que notre
esprit ne peut pas reconstruire pour lui, quand même
un long exercice, une longue chaîne de raisonnements
nous eût familiarisés avec elles, au point de nous donner l'illusion de les comprendre ? Certes, lorsqu'on se
soumet au contrôle d'une certaine réalité expérimentale ou intuitive, on peut clairement parler de contradiction, même en dehors des associations absurdes de
mots, si on veut entendre par là un désaccord avec
telle ou telle impression connue, tel ou tel fait, phénomène extérieur ou image de l'intuition. Mais dans la
question qui nous intéresse, il est plus qu'évident que
ce genre de contradiction ne saurait exister. On se place
au-dessus et en dehors de l'expérience et de l'intuition
ordinaire (sans quoi le seul abandon de l'axiome d'Euclide serait un obstacle suffisant à l'existence de la
géométrie générale). Il s'agit donc vraiment et uniquement de contradiction logique, de celle qui résulte de
l'incompatibilité de notions définies, et on ne nous
semble pas pouvoir échapper à ce reproche de déclarer
non contradictoires, sans raison suffisante, sans plus
de raison qu'au début, une suite innombrable de propositions.

3°

Enfin, pour pouvoir dire que l'idéalisme profite des
travaux de géométrie générale, il faudrait établir qu'il
y a là une création bien déterminée de l'esprit, que,
par sa nature, par sa définition, cette science, qui s'élève
au-dessus des manifestations contingentes de l'expérience, est bien véritablement une. Nous ne compren-
drons pas qu'elle soit indéterminée, qu'elle puisse se
présenter sous une diversité infinie d'aspects, prenant
son point de départ en telles notions plutôt qu'en telles
autres. M. Calinon l'a bien compris, et il s'est efforcé de

montrer que, par ses caractères propres, la géométrie
générale, telle qu'il l'a définie, se trouve bien déterminée et présente le maximum de généralisation qui soit
permis à l'esprit, sans sortir complètement du domaine
de l'intuition. Écoutons-le plutôt : « Toute équation à
laquelle nous pouvons ajouter une forme, pour nous
concevable, nous ramène à la géométrie ; or, nous ne
concevons nettement que les formes très voisines de
celles que nous avons sous les yeux, et toutes ces
formes sont au plus à trois dimensions. On a voulu, il
est vrai, faire correspondre, en généralisant la géométrie cartésienne, aux équations à plus de trois variables
des figures à plus de trois dimensions ; cette extension
est en somme légitime et peut, dans certains cas,
rendre des services ; mais ce serait une illusion de
croire que l'on crée ainsi une véritable géométrie plus
générale que la géométrie à trois dimensions ; au bout
d'une pareille généralisation, on pressent en effet une
géométrie aussi générale que l'analyse elle-même : Mais
comme nous n'avons aucune idée d'une figure à plus
de trois dimensions, il y a non seulement correspondance, mais identité absolue entre cette figure et l'équation qui la représente ; les figures à plus de trois dimensions ne sont donc que des noms nouveaux donnés
aux équations sans aucune addition d'idée nouvelle.

« C'est là l'illusion que nous voulons signaler. Au
premier abord, l'objection que nous venons de faire à
l'égard des espaces à quatre dimensions et plus paraît
s'appliquer également aux divers espaces à trois dimensions de la géométrie générale ; mais d'abord nous concevons très bien les figures de tous ceux de ces espaces
qui diffèrent très peu de l'espace euclidien, et par conséquent de notre espace expérimental ; quant aux autres
espaces qui s'écartent sensiblement du nôtre, ils peuvent toujours, comme nous l'avons vu, être décompo-

sés en éléments infiniment petits qui diffèrent très peu
d'éléments euclidiens, de sorte que. si nous ne concevons pas, dans son ensemble, un espace de ce genre,
nous en concevons très bien chacun des éléments.
L'objection formulée plus haut contre un espace à
quatre dimensions et plus perd donc ici toute sa valeur (1). »

En d'autres termes, aux yeux de M. Calinon, les espaces à trois dimensions, en dehors de l'espace euclidien, ne nous éloignent pas sensiblement de notre intuition habituelle, tandis que les espaces à plus de trois
dimensions nous en font sortir complètement : Seule,
la géométrie des premiers gardera donc le véritable
caractère de géométrie, qui se distingue, par des notions
de forme, de l'analyse pure, et par là une limite est nécessairement imposée aux généralisations.

Nous ne pouvons accepter cette manière de voir. Deux
attitudes seules nous semblent raisonnables à l'égard
de l'intuition, celle qui consiste à accepter l'intuition
ordinaire avec ses exigences, ou celle qui s'en passe.
M. Calinon consent à abandonner l'intuition euclidienne,
et croit pouvoir se contenter d'une autre. Laquelle ?
C'est ici qu'il nous faut regarder de près. On se rappelle
Helmholtz essayant de créer idéalement une intuition
factice, différente de la nôtre, à l'aide d'un ensemble
d'impressions tirées du fonctionnement normal de
nos organes et de notre esprit. M. Calinon fait en
somme une tentative analogue en cherchant à composer l'intuition nouvelle d'éléments empruntés à l'espace euclidien. Mais nous ne pouvons voir là autre
chose qu'une construction artificielle, que nous nous
refusons absolument à identifier avec l'intuition véritable, celle qui s'impose à nous, et il ne nous semble

(1) *Revue philosophique.* Les espaces géométriques, t. XXXII,
p. 375.

pas possible de dire que la géométrie générale, qui s'en contente, conserve le véritable caractère géométrique, celui que deux mille ans ont consacré.

On contestera peut-être que la construction de M. Calinon soit artificielle. A considérer une portion d'espace non euclidien comme composée d'éléments euclidiens infiniment petits, il y a quelque chose de comparable à ce que fait le géomètre qui couramment assimile un arc de courbe à une ligne brisée d'un nombre infini de côtés, ou une portion de surface à un ensemble d'éléments plans infiniment petits. Certes oui, le procédé de M. Calinon est conforme à l'esprit mathématique, mais une différence capitale distingue le cas habituel de celui qui nous occupe. L'arc de courbe, la surface, sont des êtres géométriques qui se posent au géomètre comme objets d'étude, et ce n'est que pour les examiner sous certains rapports, rapports de quantité et de mesure, qu'on introduit la considération des éléments plans ou rectilignes. Celle-ci vient donc simplement apporter un procédé spécial pour étudier des figures dont la définition était antérieure à l'application du procédé. Bien loin de là, au contraire, nous chercherions en vain dans le travail de M. Calinon une définition quelconque d'un espace ou d'une portion d'espace non euclidien ; il ne s'y trouve rien à cet égard'qu'un recours à l'analogie avec les surfaces, ce qui ne suffit évidemment pas à constituer d'abord l'objet qui sera analogue. — Comment donc, va-t-on demander, est-il possible de montrer qu'une portion d'espace non euclidien se compose d'éléments euclidiens infiniment petits ? C'est bien simple. On convient d'appeler *distances, angles, aire, volume*, des éléments tels que cette condition soit remplie ; autant vaut dire : *on convient qu'elle est remplie*. Et cette remarque peut s'étendre à toutes les autres définitions. Les espaces généraux à trois dimensions sont dès le début, supposés avoir des points, des lignes, des surfaces, tout comme l'espace euclidien, etc. On ne saurait mieux dire qu'on va, à l'occasion de ces mots : *espaces à trois dimensions*, par un choix convenable de définitions, manier un langage qui rappellera sans cesse l'espace euclidien, et créera l'illusion d'une intuition nouvelle analogue à l'ancienne ! N'avons-nous pas raison de voir une construction purement artificielle dans cette prétendue intuition ?

Ensuite pourquoi nous refuserait-on le droit de nous arrêter en si beau chemin ? Serait-il donc bien difficile de parler de formes à propos des espaces à n dimensions ? Aux figures de l'espace euclidien à 3 dimensions on sait faire correspondre de mille manières certaines figures du plan (projection, perspective, etc.) Eh bien, qu'est-ce qui empêcherait de faire correspondre certains éléments géométriques convenablement choisis aux équations qui dépendent de n variables ? Si n est égal à 4, par exemple, il suffirait de considérer les surfaces représentées par les équations, quand trois des variables deviendraient les coordonnées d'un point, la quatrième prenant toutes les valeurs de $-\infty$ à $+\infty$; ou, si on préférait, on pourrait faire correspondre aux équations certaines surfaces, enveloppes de celles-là, de sorte que chaque équation représenterait une surface. Ou encore, une équation pourrait représenter un complexe de droites, c'est-à-dire l'ensemble des droites euclidiennes satisfaisant à une condition (une droite dépendant, dans l'espace, de 4 paramètres) ; de la même manière l'espace à 6 dimensions pourrait fournir les complexes de cercles, etc. Ces *correspondances* d'équations à des formes n'ont peut-être rien d'intéressant en elles-mêmes, mais qu'importe ? Nous ne nous écartons pas, en les posant, du procédé fondamental en géométrie, qui consiste à établir un lien entre des êtres géométriques et des relations, c'est-à-dire non pas à *représenter* les formes par des équations, à mettre la forme dans les calculs, ce qui n'a aucun sens, mais à l'ajouter aux symboles par une convention. Qu'importe le caractère de la convention ? Qu'importe qu'elle cesse d'être la même, quand on passe aux espaces à plus de trois dimensions ? Que la notion de forme puisse s'y ajouter encore, cela suffit pour ôter le droit de dire que la géométrie se fond avec l'analyse. Et enfin on reconnaîtra que nous nous éloignerons moins ainsi de la géométrie ordinaire, que la géométrie générale s'écartait de l'intuition euclidienne, c'est-à-dire de notre intuition.

Ainsi il nous paraît impossible de délimiter, par aucune exigence relative à la forme, le degré de généralisation où on s'élèvera, dès qu'on aura accepté de dépasser les bornes de la géométrie ordinaire. Et dès lors, si notre esprit ne peut rencontrer, dans ses constructions, un cadre déterminé, où il puisse faire rentrer nos impressions habituelles de formes comme cas particuliers, à quoi nous servira d'appeler ces formes contingentes, de dire qu'elles pourraient être différentes si certaines circonstances eussent été changées ? Que devient la seule base solide du rationalisme, dont parle M. Lechalas, si la science qui devait jouer ce rôle, pour ne plus pouvoir se délimiter dans sa forme, échappe elle-même à toute définition, à toute règle de détermination ?

Concluons donc : l'idéalisme pas plus que l'empirisme ne doivent se flatter de trouver, dans les travaux mathématiques de géométrie non euclidienne quelque argument décisif qui leur soit favorable. Tout au plus, à la base de ces travaux, se trouvent des notions qui peuvent fournir le prétexte ou l'occasion à des disputes

sur la théorie de la connaissance. Mais les arguments
qui profiteraient à ces disputes sont à priori dans l'opinion préalable de chacun, dans ses habitudes d'esprit,
dans la solution qu'il apporte d'avance aux questions
débattues, et nullement dans l'existence ou dans les
résultats des géométries non euclidiennes.

CHAPITRE III

LA PRÉTENDUE SOLUTION DES ANTINOMIES MATHÉMATIQUES DE KANT PAR LE PRINCIPE DE CONTRADICTION

Il nous reste à examiner l'application la plus saisissante peut-être qui ait été tentée de nos jours du principe de contradiction . Nous voulons parler de la solution des antinomies mathématiques de Kant, que nous
ont présentée avec tant de force et d'insistance les chefs
du néo-criticisme français.

On sait qu'à ces questions : Le monde a-t-il commencé? L'univers est-il limité dans l'espace? La matière
est-elle divisible à l'infini ou constituée par des éléments indivisibles? Kant répondait en affirmant l'impuissance de la raison à prendre parti pour la thèse ou
l'antithèse. D'une part (thèse) le monde a commencé,
et l'univers est limité, car une série infinie dans le temps
ou dans l'espace est au-dessus de ce que peut saisir
notre entendement; d'autre part (antithèse) le monde
n'a pas commencé, et l'univers est sans bornes, car un
commencement absolu dans le temps ou dans l'espace
vides est incompréhensible. Et de même s'il s'agit de la

composition de toute substance : d'un côté (thèse), elle est formée de parties simples, car nous ne saurions concevoir un ensemble d'éléments dont le nombre est infini ; et cependant (antithèse) aucune substance n'est composée de parties simples, parce que nous ne pouvons concevoir un terme à sa divisibilité.

Kant se trompe, — est venu dire à son tour M. Renouvier, — en donnant la même importance aux inconcevabilités de la thèse et de l'antithèse. La thèse de chacune des antinomies n'est qu'incompréhensible : l'antithèse est *contradictoire*. Or, ce qui est contradictoire est faux, et comme de la thèse et de l'antithèse, ainsi que l'avait déjà déclaré Hamilton, l'une est nécessairement vraie et l'autre fausse, la thèse se trouve démontrée.

Si M. Renouvier avait raison, nous aurions été nous-mêmes victime d'une étrange illusion en déclarant que le principe de contradiction ne saurait autoriser aucune affirmation que l'observation ne puisse vérifier : essayons de montrer au contraire que cette théorie de M. Renouvier n'est pas justifiée logiquement, et disons notre opinion avec toute la franchise que l'on doit à l'illustre penseur.

I

Quel est dans ses traits essentiels le raisonnement à priori par lequel on démontre le commencement du monde, la limitation de l'univers, l'existence d'éléments indivisibles de la matière ?

1° Les idées de nombre et d'infini sont contradictoires.

2° Il ne peut donc se faire qu'une somme de parties, une collection d'éléments, soit formée d'un nombre infini de parties ou d'éléments.

3° Comme application : il est faux que le passé soit la somme d'un nombre infini d'événements écoulés, que l'univers soit une collection d'un nombre infini de corps distincts ; qu'enfin un fragment de matière quelconque soit la somme d'un nombre infini d'éléments.

4° Donc le monde a commencé, l'univers est limité, la matière est décomposable en éléments indivisibles.

1. — Non seulement nous ne rejetons pas l'affirmation qui sert de point de départ à ce raisonnement, mais peut-être l'accueillons-nous plus facilement encore que ceux mêmes qui nous l'apportent. On sent trop souvent le besoin d'insister, à l'exemple de Cauchy, sur telle ou telle absurdité qui résulterait de l'hypothèse du nombre infini. A nos yeux, dans la formation des nombres abstraits par l'esprit, chacun a pour définition d'être un symbole succédant au dernier auquel l'esprit s'est arrêté et précédant celui qui suivra. D'après cette définition même, la création d'un nombre nouveau n'implique jamais aucune impossibilité, il ne saurait donc exister un nombre venant après tous les autres dans cette suite, un nombre plus grand que tout nombre assignable, en d'autres termes enfin un nombre infini. Qui dit *nombre*, dit *nombre fini*, ou plutôt ces deux mots réunis ne signifient rien de plus que le premier tout seul.

Remarquons bien que la possibilité indéfinie de former un nombre nouveau est au fond ce qui rend absurde l'idée d'un nombre plus grand que tous les autres. De sorte que c'est dans une même vue, au simple examen de la notion abstraite de nombre, que la suite des nombres nous apparaît d'une part comme illimitée ou comme indéfinie, d'autre part comme incapable de devenir infinie. C'est d'ailleurs le premier caractère, c'est-à-dire la possibilité pour la suite des nombres de se prolonger sans limite, qui constitue la notion de l'infini mathématique. « La notion de l'infini dont il ne faut pas faire mystère en mathématique se réduit à ceci :

après chaque nombre entier il y en a un autre (1). »
Les mathématiciens le sentent ordinairement fort bien,
et c'est pour cela que, tout en faisant un fréquent usage
de ce terme d'infini, ils sont souvent les premiers à
s'élever contre l'idée absurde du *nombre infini*.

2. — Jusqu'ici nous ne sortons pas du domaine des
abstractions ou des possibles. Envisageons le monde
concret. Se peut-il rencontrer quelque part un nombre
infini d'objets distincts ? Non assurément. *Nombre infini* est un attribut chimérique qui n'existe pas (puisqu'il
se détruit lui-même), qui ne saurait figurer dans la liste
d'attributs à l'aide desquels mon esprit interprète le
réel, le traduit pour lui-même. Comment serait-il jamais
conduit à l'énoncer dans son fonctionnement normal
en face de l'expérience ? Une condition nécessaire pour
qu'un attribut puisse être attribué par nous aux choses
n'est-elle pas avant tout que cet attribut ait une réalité
dans la pensée ? Dès que la notion de nombre infini
abstrait a été rejetée comme étant un rien dans la pensée, la réponse s'est trouvée faite à cette question : Un
nombre infini d'objets peut-il se rencontrer dans le
monde concret ? Il ne saurait donc exister aucun ensemble d'éléments, aucune somme de parties dont le
nombre soit infini.

3. — Mais alors, le passé n'est donc pas la somme
d'un nombre infini d'événements ? L'univers n'est pas
un nombre infini de corps distincts ? La matière n'est
pas la somme d'un nombre infini de parties ? Nous
n'hésitons pas à répondre : Non. L'affirmation, pour
chacune de ces questions, équivaudrait à une absurdité, puisque, encore une fois, elle énoncerait un attribut
qui n'existe pas pour l'esprit.

4. — Donc, conclut-on, le monde a commencé, l'uni-

(1) J. TANNERY. Préface de l'*Introduction à la théorie des fonctions
d'une variable*.

vers est borné, la matière est formée d'éléments indivisibles : voilà ce que nous n'admettons plus au nom
du principe de contradiction. Cette conclusion n'est pas
à nos yeux la conséquence rigoureuse de ce qui précède.
Voyons de près en effet comment des dernières propositions négatives, qui se contentaient de ne pas énoncer
une chose absurde : *A n'a pas un nombre infini*, on
peut logiquement tirer une conséquence aussi positive :
A a un nombre fini.

Une première explication consisterait à sous-entendre,
avant la conclusion, un axiome de ce genre : *ce qui n'a
pas un nombre infini a un nombre fini*. Le raisonnement suit alors avec rigueur : A n'a pas un nombre infini ; donc A a un nombre fini. Mais quelle est donc cette
majeure ? Que signifie-t-elle ? Il ne faut pas que les mots
fini et infini fassent illusion, et qu'on assimile *infini* à
non fini, en donnant un sens à chaque mot de la proposition. *Nombre infini* d'une part, *nombre fini* de
l'autre, sont des couples de termes toutes formées, des
expressions inséparables. Or, si d'un côté *nombre fini*
ne signifie pas autre chose que *nombre,* comme nous
l'avons remarqué, *nombre infini* ne signifie absolument
rien. Ce prétendu axiome pourrait s'énoncer encore
simplement : Ce qui n'a pas un X, a un nombre, — X,
tenant lieu du terme le plus dépourvu de sens qu'on
imaginera. Sous cette forme, l'axiome cesse si clairement d'en être un, qu'il est inutile d'insister sur la
pauvreté du secours qu'il apporterait à la rigueur du
raisonnement.

A défaut d'un postulat, on essaiera peut-être d'invoquer une définition. Quant il s'agira d'une pluralité concrète, c'est-à-dire d'une occasion fournie par la réalité
de distinguer, et par suite de compter des parties, on
pourra dire que ces parties sont en *nombre infini*, si la
numération est inépuisable, c'est-à-dire ne conduit pas

à un nombre. N'est-ce pas là le sens de cette définition, que nous empruntons à M. Renouvier ? « J'appelle infinie actuelle ou en acte une collection donnée quelconque dont on supposerait que les parties distinctes ou éléments, considérés dans leur assemblage numérique, ne répondent pas à un certain nombre n, et cela quel que soit n, ou à quelque grandeur qu'il puisse atteindre. »

Ce cas s'oppose nettement à celui où la numération peut se terminer, et où par conséquent un nombre correspond à la chose considérée. Il est bien clair alors que, par définition, si A est une chose où des parties se comptent, elle a un nombre fini ou bien un nombre infini, puisque cela veut dire, en somme : elle a un nombre ou elle n'en a pas, et le raisonnement semble devenir absolument rigoureux.

Mais cette fois ce n'est pas la majeure que nous contesterons : on a posé une définition d'où elle résulte. C'est la mineure que nous n'acceptons plus. Si nous avons accordé que A n'a pas un *nombre infini*, nous n'entendions nullement ces derniers mots dans le sens spécial qu'on leur donne maintenant. *Nombre infini* impliquait une simple contradiction dans les termes, car nombre et nombre fini ne font qu'un à nos yeux, et *nombre fini infini* ne représentait rien à la pensée. Nous avons donc énoncé cette mineure pour rejeter une absurdité. Il en est tout autrement dès que ces mots « avoir un nombre infini » signifient « n'avoir pas un nombre fini » ou plus simplement « n'avoir pas de nombre ». Rien dans nos premières affirmations n'autorise plus la conclusion qui niait l'infinité de A, la démonstration n'est pas faite. Pour sauver le raisonnement, et rendre la rigueur à la conclusion dernière, il faut prouver que A ne peut pas être infini au sens qu'assigne à ce mot la définition nouvelle. Or c'est précisément ce que semble avoir tenté de faire M. Renouvier dans une page, rédigée à la manière d'un traité de géométrie, et à laquelle il nous faut recourir.

Après quelques définitions, et, entre autres, celle que nous venons de citer, nous lisons :

1. — « Une collection donnée *in concreto* est toujours telle, qu'en vertu d'une loi de l'entendement sans laquelle l'exercice de la sensibilité et toute expérience sont impossibles, on puisse distinguer, nombrer et assembler les objets de cette collection : 1, 2, 3, etc. ; et cela, soit que la numération doive se terminer ou ne puisse pas se terminer effectivement.

2. — « Dans l'hypothèse où la numération serait interminable, on peut toujours établir le parallélisme de la suite des concrets distincts avec la suite des nombres asbtraits 1, 2, 3, etc., puisque ces abstraits correspondent à ces concrets chacun à chacun nécessairement, et que la suite de ces abstraits est indéfinie et ne peut faillir, si loin que la multitude de ces concrets s'étende.

3. — « Il résulte de la proposition précédente que, au cas où l'on pourrait démontrer que l'hypothèse de l'infinité actuelle de la suite des abstraits est une hypothèse contradictoire en soi, il serait démontré par cela même que la suite des concrets est une hypothèse contradictoire en soi. En effet, l'infini des concrets ne peut devenir actuel que celui des abstraits ne le devienne pareillement. Si le premier s'accomplissait sans le second, si les deux suites n'arrivaient pas à se clore ensemble, après s'être constamment correspondu, c'est, dans notre supposition, la suite des abstraits qui, ne pouvant être donnée *ad integrum*, se prolongerait au delà de l'autre, et alors la suite des concrets répondrait à un certain nombre *n*, contrairement à la définition 2 (celle que nous avons citée plus haut).

4. — « L'hypothèse de l'infinité actuelle de la suite des abstraits est contradictoire en soi...

5. — « L'infinité actuelle de toute collection ou multitude de choses données, devant suivre le sort de l'infinité actuelle de la suite des abstraits, ne peut être supposée sans absurdité. »

Il est impossible de ne pas donner son adhésion entière aux deux premières propositions. Là où nous apercevrons des choses distinctes, nous pourrons toujours porter successivement notre attention sur chacune d'elles, disant 1, puis 2, puis 3, etc., et cela aussi longtemps que nous aurons des éléments sous les yeux, car nous saurons toujours énoncer un mot nouveau à l'occasion d'un objet nouveau. Le caractère indéfini de la suite des abstraits nous fait de même admettre sans réserve l'impossibilité du nombre infini.

Tout cela étant posé, nous voyons, à priori, deux cas possibles pour la numération qu'entreprend notre esprit, elle peut ou elle ne peut pas se terminer, et toute la question revient à déduire de ce qui précède que le second cas implique contradiction. Or, la démonstration qu'on nous propose tient alors tout entière dans cette idée : si l'infini des concrets s'accomplissait sans l'infini des abstraits, la suite des abstraits se prolongerait au delà de celle des concrets, laquelle répondrait à un nombre *n*, ce qui est faux par définition.

Que signifient exactement ces mots : « *Si l'infini des concrets s'accomplit...* » Pour les traduire fidèlement, retournons à la définition fondamentale de l'infinité actuelle des concrets ; elle nous donne : « *Si, quelque grand que soit* n, *il n'existe pas de nombre* n *répondant à cette série de concrets ;* en d'autres termes, *si la numération commencée sur ces concrets,* 1, 2, 3... *est interminable...* » Mais comment comprendre alors

10.

cette étrange proposition : Si les concrets ne se laissent pas assigner un nombre *n*, si grand qu'on le cherche, la suite des abstraits se prolongera au delà de la
suite des concrets ? La deuxième partie de la phrase ne
suit plus logiquement la première, elle énonce même
quelque chose d'absurde, car, si les concrets ne se laissent assigner aucun nombre, si la numération est interminable, la suite des abstraits se continuera indéfiniment dans un parallélisme parfait avec la première.

Halte-là ! nous dira-t-on, vous n'avez pas vu tout ce
que renferme la notion de l'infinité actuelle des concrets. Elle implique, outre l'absence de tout nombre *n*
répondant à cette suite, l'idée d'un *achèvement*, d'un
accomplissement, d'une clôture. L'infinité actuelle
consiste dans cette double propriété que la suite se
trouve *achevée*, sans qu'aucun nombre cependant y
corresponde, si grand qu'on le choisisse. — Cela ne nous
paraît pas signifier autre chose que ceci : L'infinité
actuelle des concrets suppose leur suite à la fois terminée et interminable. Alors pourquoi entreprendre
une démonstration quelconque de l'absurdité de cette
hypothèse ? La contradiction dans les termes est flagrante, et nous affirmerons à priori, aussitôt la définition ainsi posée, que cette infinité est une chimère
irréalisable.

Nous en revenons purement et simplement à la contradiction du nombre infini, du nombre fini et non fini
tout à la fois, qui entraîne évidemment l'impossibilité
d'une collection d'un nombre infini d'objets. Mais, en
rendant à ces mots le sens qui met par lui-même en
évidence la contradiction, et qui seul, nous semble-t-il,
permet de comprendre la démonstration de M. Renouvier, nous nous écartons de celui qu'il fallait leur
donner, pour accepter cette majeure : « A a un nombre
fini ou un nombre infini. » Nous sommes de nouveau

obligé de l'énoncer : A a un nombre ou un X, et le raisonnement auquel nous pensions trouver un fondement logique dans une définition où le nombre infini eût été posé comme équivalent de « absence de nombre », s'écroule de nouveau. On ne nous donne pas jusqu'ici le moyen d'échapper à ce dilemme :

Ou bien nous définissons le nombre infini, comme un nombre à la fois déterminé, fini, et comme cependant échappant à toute assignation de nombre, et alors la contradiction de cette notion est flagrante, l'impossibilité de donner cet attribut contradictoire, qui est un rien pour la pensée, à toute chose concrète, n'est pas même à démontrer : quel que soit le sens de A, A ne possède pas cette qualité chimérique qui serait le nombre infini ; mais il n'est permis d'en tirer aucune conséquence logique, car aucun attribut ne pourra être posé comme le négatif de ce rien.

Ou bien *nombre infini* signifie absence de nombre, impossibilité pour une suite de concrets de se prêter à une numération qui se termine, et alors la majeure s'impose par définition, puisque évidemment à priori toute chose a ou n'a pas un nombre ; mais, pour conclure rigoureusement à l'affirmative, il nous manque jusqu'à présent la démonstration de la mineure : « Il est contradictoire que A n'ait pas de nombre. »

II

Cette démonstration, nous dira-t-on, a été faite et refaite, et il suffit de lire attentivement la *Critique philosophique* pour la trouver exposée avec une entière clarté.

Le nombre est indépendant de toute opération de la pensée. Les unités d'une collection donnée existent avant que l'esprit les distingue, leur tout ou leur ensemble existe également, et l'esprit numérateur, par l'opération qu'il exécute, ne fait que nommer, sans le créer, le nombre, jusque-là inconnu. Ainsi, qui dit *collection donnée*, dit ensemble numérique, ou nombre d'unités, et par suite une collection donnée sans nombre (connu ou inconnu) est une absurdité. Tel est l'argument résumé, croyons-nous, aussi fidèlement que possible. Est-il décisif?

1° Si, après avoir compté les billes contenues dans un sac, je déclarais que le nombre trouvé, douze par exemple, est une pure création de mon esprit, qu'il n'a rien d'objectif, je méconnaîtrais une vérité par trop évidente. La collection que j'ai sous les yeux contenait bien douze billes avant que je me misse à les compter. Qu'un autre vienne à ma place se livrer au même calcul, il trouvera douze billes, absolument comme il les verra sous la couleur grise ou bleue où elles me sont apparues. Que personne même n'ait plus jamais la fantaisie de les compter, et que je disparaisse, moi seul qui en ai connu le nombre, je peux bien affirmer que ce nombre douze restera une de leurs propriétés, au même titre que leur poids, leur volume, leur couleur, leur forme sphérique, etc. comme il l'était avant que je le connusse.

2° Soit encore un sac donné, qu'on placera devant moi, en me disant simplement qu'on l'a rempli de billes. Sans les compter (ce sera la différence avec le cas précédent), j'affirmerai que cette *collection* donnée est un *nombre*. Dans les deux cas j'admets l'identité de collection et de nombre, parce que d'une part les objets de la collection sont donnés, ils sont chacun nettement définis à l'aide des propriétés qui distinguent les objets concrets les uns des autres : poids, épaisseur, etc., et d'autre part leur ensemble est donné également, il forme lui-même un objet concret clairement séparé de tout autre, ayant un contour délimité, un volume, etc. A

l'extrême rigueur, l'identité entre *collection* et *nombre*
ne paraît évidente que dans le premier cas ; dans le
second, un raisonnement peut trouver place pour établir
rigoureusement à priori que le sac contient un nombre
de billes. Soit V le volume du sac, et v le volume d'une
bille, ou, si elles sont d'inégal volume, soit v un volume
moindre que celui de la plus petite bille, le sac ne peut
contenir plus de n billes, n étant le quotient entier de V
par v ; la numération ne dépassera donc certainement
pas n et par suite elle s'arrêtera à un *nombre* (inférieur
ou au plus égal à n).

3° Poursuivons : Les hommes vivant à la surface du
globe forment une collection que nous pouvons bien
appeler nombre. Chacun d'eux est donné, et leur ensemble l'est aussi, car l'épaisseur d'espace qui les contient nous est connue. Mais les hommes vivant actuellement *n'importe où dans l'espace* vont-ils former
une collection donnée identique au nombre ? Chacun
d'eux est donné, dans ce sens qu'il existe et qu'il
est distinct, cela est clair, mais leur ensemble n'est-il
pas une chimère ? Libre à vous d'identifier toujours
nombre et collection, nombre et pluralité, nombre et
ensemble, nombre et totalité, c'est affaire de mots. Si
collection et nombre ne font qu'un, nous ne demandons
plus si la *collection* des hommes vivants a un nombre,
mais *s'il y a une collection des êtres vivants,* si la *totalité* des êtres vivants a un sens.

Chaque homme est réel, nous dira-t-on, et vous ne
voulez pas qu'ils forment tous un ensemble réel ? Qu'en-
tend-on par « former tous un ensemble réel? » Si
nous consentons à énoncer cette proposition comme
conséquence évidente de ce que chacun d'eux est réel,
c'est que nous ne ferons signifier à ces mots rien de
plus qu'à ceux-ci : « chaque homme est réel. » Ils
n'impliqueront pas l'idée d'un tout ou d'un nombre.

Que si, au contraire, vous voulez qu'ils l'impliquent, nous ne voyons plus comment, en bonne logique, vous déduisez, de ce que chacun est réel, qu'ils forment un nombre, et c'est pourtant ce qu'il s'agit d'établir.

Qu'on y réfléchisse, le tout n'est pas donné, la collection n'est pas donnée, les parties seules sont définies. Il ne suffit pas de déclarer que toute collection d'objets donnés est un nombre, nous demandons pourquoi, — au nom du principe de contradiction, bien entendu, — dès qu'une partie quelconque est donnée, il y a collection, et il faut bien avouer qu'on ne nous répond pas. On considère cette vérité comme évidente, et M. Renouvier l'implique dans une définition initiale : « Une collection donnée, dit-il, est une collection de choses données (1). »

En réponse à M. Boirac, M. Pillon écrit, à propos des événements passés : « Si chaque événement passé est une unité réelle et donnée, comment la suite des événements passés ne formerait-elle pas un tout réel et donné? » Sans doute « la suite » signifie pour lui l'ensemble, la suite complète, la totalité, c'est-à-dire le tout, et son affirmation, qui devient une identité, ne prouve rien, car nous demandons justement qu'on nous démontre qu'il y a un tout.

Les différentes expressions dont on se sert dans les discussions sur ce sujet sont de nature à faire illusion et à cacher la pétition de principes. On dira la *multitude* des hommes vivants, leur *ensemble;* ou *tous* les hommes vivants ou les hommes considérés « dans *leur assemblage* », et on parlera ainsi à priori, pour se proposer de montrer ensuite qu'ils forment un nombre. Vraiment, ce ne sera pas difficile, si chacun de ces mots implique pour l'esprit, comme le fait remarquer

(1) 6ᵐᵉ année, I, p. 223.

M. Pillon, juste les deux mêmes idées que le mot nombre, à savoir : unités, et réunion ou assemblage en un tout de ces unités. Mais où est la nécessité de parler du *tout*, pourquoi ce tout s'impose-t-il à nous dès que les parties seules sont données ? Voilà la vraie question. On répond : parce que *tous les hommes* sont réels, parce qu'ils existent. Je ne comprends pas même le sens de ces mots : « tous les hommes ». Je ne peux le comprendre que lorsque j'aurai conçu les hommes formant une collection, c'est-à-dire lorsqu'on m'aura prouvé qu'ils forment un nombre, et ce que je refuse d'énoncer clairement, tant que la démonstration n'est pas faite, est justement le seul point de départ qu'on m'offre pour la démonstration ! Je ne peux reconnaître à priori comme existant réellement, comme donné en acte, que « chaque homme » pris individuellement.

Certes, il m'est permis de dire *tous les hommes*, mais dans le sens de « tout homme ». Pourquoi même n'utiliserait-on pas les mots multitude, pluralité, ensemble, sans leur faire impliquer l'idée de la réunion en un tout ? — Ne dit-on pas en géométrie : « tous les points d'une ligne, ou l'ensemble des points d'une ligne, ou le lieu géométrique des points jouissant d'une propriété? » Ces expressions ont un sens fort clair et n'impliquent nullement la réunion des points en un tout. — Il pourrait alors y avoir collection pour tels et tels individus pris ensemble, collection essentiellement variable au gré de l'esprit qui porterait, par exemple, son attention sur les hommes vivant à la surface de telle ou telle planète. La collection des hommes vivants serait ainsi une collection en puissance. Rien n'empêche d'en parler, sans préjuger la question de savoir si elle existe également en acte, à moins qu'on ne démontre que toute collection en puissance, quand il s'agit des concrets, est nécessairement une collection en acte. Or on ne nous donne sur ce point, au lieu d'une démonstration, qu'une simple affirmation.

« J'accorde, écrit Leibnitz à Bernouilli, une multitude infinie (de monades), mais cette multitude ne fait pas un nombre ou un tout. » Que répond M. Renouvier ? « La multitude donnée qui n'est pas un nombre donné est une conception étrange. La seule manière de la rendre intelligible serait de regarder la multitude donnée comme donnée en possibilité seulement, tandis qu'un nombre donné est une multitude donnée de fait ou actuellement. » — Mais cette seule manière nous suffit largement. Elle revient à ne regarder comme donnés que les individus, que chacun des individus, et à ne pas déduire de ce que chacun est donné qu'ils forment une multitude donnée, au sens de *tout* ou de *nombre*. Si nous n'avons pas le droit de nous soustraire à cette nécessité, c'est cela qu'il faut nous montrer. M. Renouvier va-t-il nous donner satisfaction ? « Cette distinction que Leibnitz indique lui-même serait applicable aux nombres abstraits, aux séries mathématiques indéfinies... Mais elle cesse de s'appliquer, s'il faut que les nombres correspondent constamment à des êtres effectivement donnés *tous ensemble...* Donnés ensemble et ne formant point des touts, ce sont termes contradictoires, car un tout est l'ensemble d'une multitude quand elle est donnée. » On le voit, M. Renouvier déplace dès les premiers mots le point de vue de Leibnitz, en parlant de la totalité donnée en acte, quand les individus seuls le sont. Aussitôt ce point admis, nous partageons entièrement sa surprise, et Leibnitz la partagerait aussi, de ne point voir assimiler cet ensemble à un nombre. Mais, quant à voir logiquement, au nom du principe de contradiction, que, chaque monade ayant une existence réelle, il y a nécessairement un ensemble ou un nombre de ces monades, nous

n'y réussirons pas à la lecture de ces lignes. Un peu
plus loin M. Renouvier dit encore : « Autant que nous
avancerons dans le compte imaginé des monades, autant nous poserons de nombres successifs de la série
naturelle des nombres. Maintenant, que cette dernière
série soit sans fin, alors que la série des monades est
une série de *données*, cela est absurde. Des unités
données forment un nombre et un tout, quelque immense qu'on le suppose. » C'est là une simple affirmation. Leibnitz a dit : les monades ne forment pas un
nombre et un tout, et M. Renouvier répond : « Les monades forment un nombre et un tout.» — Il est vrai qu'il
ajoute : « On se contredit en niant l'application d'une
loi de l'entendement, sur le terrain même, aux termes
et aux idées mêmes que celle loi seule est en possession de fournir. » Si la loi de l'entendement visée ici
est celle qui m'impose la nécessité de croire qu'un ensemble d'unités données a un nombre, nous avons
suffisamment montré, pensons-nous, qu'elle n'est pas
en cause. S'il s'agit de la nécessité pour l'entendement
de croire à l'existence d'un nombre, quand des unités
seules peuvent se distinguer et se définir, pourquoi
l'admettrions-nous ?

— Sans doute en la contestant, nous dira-t-on, vous
ne vous heurtez pas à la contradiction dans les termes ;
mais, si vous affirmez ainsi l'inintelligible, ce qui ne
peut se penser, se définir, se concevoir, si vous violez
l'entendement dans son exercice normal, ne démontrez-
vous pas par cela même la nécessité absolue de cette
loi ? Y aura-t-il une différence au fond entre une pareille nécessité et celle que révèle la contradiction dans
les termes ?

— Soit ! mais qu'on nous montre alors que vraiment
c'est essayer de penser l'inintelligible que de se refuser
à voir dans tout homme vivant, pour revenir à notre

exemple, une unité d'une collection ou d'un tout. Qu'on ne dise pas que la démonstration résulte naturellement de l'impossibilité où nous sommes de définir, en supprimant l'idée de totalité numérique, la *multitude* des hommes, l'*ensemble* des hommes. Nous avons donné à ces expressions un sens des plus précis, et la comparaison avec les lieux de la géométrie achève, nous semble-t-il, d'éclairer la notion. « Le concept d'homme vivant actuellement » a-t-il besoin d'explication ? La pensée de « tout homme vivant » n'est-elle pas admise par l'entendement avec une clarté parfaite ? Il suffit de ne pas ajouter à cette notion suffisamment définie l'idée de la collection, pour résoudre ce problème qu'on disait insoluble, à savoir : se passer de la totalité numérique, tout en ne renonçant jamais à expliquer son langage, et à définir ses concepts.

— Mais, va-t-on nous objecter encore, c'est un concept abstrait, une idée générale que vous nous offrez, quand il s'agit de réalités concrètes. Une idée générale n'a sans doute pas besoin de se lier à un nombre ; elle correspond même généralement à un nombre indéterminé. Mais il faut sortir ici de l'abstraction et du monde des idées générales, pour rentrer, de gré ou de force, dans celui des réalités concrètes. La définition de la propriété qui caractérise un point de cercle donne immédiatement autant de points qu'on en veut, et personne ne songe à dire que le cercle est la somme d'un nombre déterminé de pareils points, parce qu'il ne s'agit là que de fictions idéales. Mais il n'en est plus de même du concept de l'homme vivant : à moins de nous borner à n'envisager jamais qu'un seul individu, il nous est impossible de considérer les hommes vivants dans leur assemblage sans admettre qu'ils forment une collection donnée quoique incomplètement connue dans la réalité. L'union dans le concept devient ici nécessairement la collection.

Nous répondrons que nous ne songeons pas à confondre deux sortes de notions, dont l'une se dégage de fictions imaginaires, et l'autre de réalités concrètes. La comparaison des concepts « d'un homme vivant actuellement » et « d'un point quelconque du cercle » n'est destinée qu'à éclaircir nos idées. Il est bien évident qu'il s'agit, d'un côté, de tout être humain non seulement connu, mais existant quelque part, et, de l'autre, d'un quelconque de ces éléments fictifs que j'appelle points de cercle, et qu'il me plaira de construire. Mais qu'importe ? Ces deux notions ont quelque chose de commun : de part et d'autre, après avoir posé la définition d'un individu, on refuse de n'envisager que lui, on porte sa pensée sur tout individu de même définition, — d'un côté, sur tout individu analogue que construira arbitrairement l'imagination, de l'autre, sur tout individu de même espèce, qui existe actuellement, qu'il soit d'ailleurs connu ou inconnu, — et cela n'est-il pas clair ? Le lien qui unit un individu quelconque à un autre de même définition permet bien d'affirmer que l'esprit considère ces individus dans leur assemblage, c'est-à-dire à travers ce lien, sans qu'il soit indispensable d'impliquer dans le concept l'idée de totalité numérique. Ce lien logique ne vous suffit pas ! mais prenez garde d'exiger, en somme, comme condition d'intelligibilité de notre langage, d'y voir justement la notion dont vous proclamez la nécessité ! Ce serait là une singulière façon de raisonner. Oui ou non, quand je parle de *tout homme vivant* connu ou inconnu, sans vouloir parler en même temps de la totalité numérique des hommes, ces mots ont-ils un sens précis, expriment-ils une pensée claire ? Oui ou non, si je dis ensuite : tout homme vivant n'est peut-être pas une unité d'un tout ou d'une collection, y a-t-il un seul terme non défini dans ma proposition ? Ne peut-elle s'entendre, se concevoir, se penser ? Eh bien donc je conteste la nécessité qu'on voulait m'imposer, sans jamais sortir de l'intelligible, sans jamais violer l'entendement dans ses exigences fondamentales.

Dites-nous que vous avez une grande peine à séparer du concept de tout homme vivant actuellement l'idée d'un certain ensemble numérique, à former de ce concept une représentation qui n'implique pas cette idée : c'est possible. Vous ne voulez sans doute pas plus que nous appeler contradictoire ce que vous ne parvenez pas à vous représenter. Nous ne discuterons même pas le point de savoir si vraiment il y a pour l'esprit une difficulté réelle : peu nous importe; nous irons jusqu'à admettre ici, si vous voulez, une inconcevabilité tenant à ce que les choses sont « soustraites aux rapports dont la propre nature de la pensée et son fonctionnement sont inséparables. » Qu'aurons-nous ainsi accordé si ce n'est que nous nous trouvons en présence non du *contradictoire* mais de *l'incompréhensible*, suivant la judicieuse distinction et les termes mêmes de M. Renouvier? Or l'incompréhensible, pas plus que l'incroyable, n'imposent à la raison l'obligation de nier.

Nos adversaires seront-ils convaincus ? Nous n'osons l'espérer. Qu'ils nous permettent de rappeler une discussion, présentant une certaine analogie avec la nôtre, et capable, croyons-nous, par la position même qu'y prend le néocriticisme, de jeter ici une vive lumière.

Descartes s'arrête, dans son doute méthodique, devant cette affirmation : « Je pense, donc je suis, » jugeant cette vérité « si ferme et si assurée que toutes les plus extravagantes suppositions des sceptiques ne seraient pas capables de l'ébranler. » Mais il y a deux choses dans cette proposition : le fait de la pensée, évidemment impliqué dans le doute lui-même, puis le fait de l'existence, qui, aux yeux de notre philosophe, résulte nécessairement du premier. Comment passe-t-il du premier au second ? C'est là une objection soulevée déjà du temps de Descartes, et sur laquelle on ne semble pas encore complètement d'accord. Le *Cogito, ergo sum* est-il ou non la conclusion d'un syllogisme dont la majeure sous-entendue serait « tout ce qui pense est » ? Descartes, on le sait, a essayé de le nier. Mais peu nous importe de savoir s'il y est vraiment parvenu. Il nous semble voir là une question de forme : au fond, tout le monde s'accordera sur ce point que, pour Descartes, la pensée entraîne nécessairement l'existence, qu'on ne peut pas penser sans être, que *penser* est inséparable de *être* ; et qu'entend-il par existence, par être ? Aucune hésitation n'est possible : il veut parler de l'existence substantielle, de l'existence nouménale, substratum nécessaire du phénomène de conscience auquel est venu se briser le doute universel. Voilà certainement la pensée de Descartes. Il déclarera inintelligible qu'on puisse parler d'un état quelconque de la conscience, sentiment, représentation, idée, volition... sans concevoir du même coup le sujet substantiel qui sent, connaît, veut... Dans l'insistance, qu'on nous passe le mot, dans l'entêtement qu'il mettrait à rattacher ainsi tout phénomène psychique à un moi d'où il émane, sans donner d'autre raison que son impuissance à comprendre qu'il en pût être autrement, ne trouvons-nous pas déjà une analogie frappante avec l'exigence de ceux qui se refusent à concevoir « tout homme vivant actuellement » s'ils ne rattachent pas chacun d'eux à un tout, dont il soit une unité ? Mais l'analogie devient plus saisissante encore entre notre réponse à nos contradicteurs et celle que le criticisme réserve à Descartes.

« Comment oser conclure, dit M. Renouvier, du phénomène immédiat, actuel, identique avec la simple conscience, à l'objet extérieur, étranger, insaisissable, qui n'est posé que représentativement dans ce même phénomène ? Le vice est manifeste dans le célèbre *Cogito, ergo sum*, premier type de l'évidence intérieure. En effet, le *sum* ou *sum cogitans* a deux sens bien différents : l'un relatif à la pensée phénoménale et au moi phénoménal qui ne s'en sépare point ; l'autre au sujet immanent et permanent dont on fait une substance appelée esprit, une substance, c'est-à-dire quelque chose qui, loin d'être évident, n'est pas même intelligible. Quoi qu'il en soit, d'ailleurs, de la réalité des substances, est-ce une méthode tolérable que celle qui, ayant d'abord qualifié d'évidence l'apparence du phénomène incontestable, incontesté, applique sans façon ce même nom à la prétendue essence spirituelle, niée par un si grand nombre de philosophes de tous les temps ? Un homme tel que Descartes ne pouvait tomber dans le sophisme grossier qui consisterait à déduire logiquement du *cogito* phénoménal le substantiel *sum* ou *sum cogitans*. Il n'entendait donc au fond qu'un jugement nécessaire ou que, par habitude, il croyait tel, et son premier pas dans la science, après le doute universel, était le rétablissement de la grande chimère de ses prédécesseurs en philosophie (1) ».

Ne pourrions-nous pas dire, presque dans les mêmes termes : « Comment oser conclure du phénomène immédiat, actuel, qui est l'existence connue d'un certain nombre d'hommes vivants, et d'où se dégage pour nous le concept de tout homme vivant, connu ou inconnu, à cette chose distincte, étrangère, qui serait *le tout* des hommes vivants ? Le vice est manifeste dans cette proposition : les hommes vivants sont des réalités, donc les hommes vivants forment un tout. En effet, l'expression « les hommes vivants » a dans cette propo-

_____

(1) *Critique philosophique*, RENOUVIER, 10ᵉ année, I, p. 381.

sition deux sens bien différents : c'est d'une part « tout homme vivant » tout individu qui répond à mon concept d'homme vivant, et d'autre part les mêmes mots dépassent ce concept pour désigner déjà l'ensemble de ces individus, c'est-à-dire quelque chose qui, loin d'être donné, a besoin qu'on démontre son existence. Quoi qu'il en soit d'ailleurs de la réalité de ce total numérique, est-ce une méthode tolérable que celle qui, ayant d'abord déclaré donné chaque individu séparément, applique sans façon ce même mot à cette prétendue totalité numérique niée par des philosophes de tout temps (1) ! Il est imposible qu'on songe ici à une déduction logique. Il ne saurait donc être question que d'un jugement nécessaire ou que, par habitude, on croit tel, peut-être tout simplement d'une grande chimère. »

Cette chimère se cache sous le principe du nombre. Descartes aurait tout aussi bien décoré la sienne de ce beau nom : le principe de la substance. Quelle est la chimère qui ne pourra s'abriter sous un principe ? Toute la question est de savoir si, en contestant ce principe, on se contredit, si on tombe dans l'inintelligible. Nous ne le croyons pas moins pour le principe de la substance de Descartes que pour le principe du nombre de M. Renouvier, et nous pensons avoir justifié notre opinion.

4° Enfin, prenons un dernier exemple : J'ai sous les yeux une règle en bois. C'est un objet unique, dans lequel cependant je peux distinguer des parties ; ainsi, je peux la couper en deux, en trois... morceaux. Si je poursuis la division, supposé que les procédés physiques les plus puissants ne me fassent pas défaut et que je dispose du temps sans limite, est-ce que les éléments qui pourront être séparés sont en nombre fini ? On

_____

(1) Tous ceux qui n'ont cru ni au commencement du monde ni à la limite absolue de l'univers.

répond : Oui, car la règle est la somme ou la collection de ses parties, et, par suite, celles-ci ont un nombre fini.

Nous voyons bien cette fois le tout, l'ensemble sur lequel on raisonnera ; c'est la règle, ou, à chaque instant, ce tas de morceaux qui est là devant moi et occupe cette place dans l'espace. Mais les parties sont-elles données ? Qu'est-ce donc que ces éléments dont la règle est la somme ? Je vois, il est vrai, à chaque instant des morceaux séparés nettement définis. Mais cette définition dépend du moment où je me place dans l'opération à laquelle je me livre. Choisirez-vous un instant particulier pour que la définition des parties soit précise ? Vous aurez à coup sûr un nombre fini d'éléments, mais cela ne prouve rien sur le degré de divisibilité de ma règle. Vous ne choisirez pas un instant spécial ? Mais alors la définition des parties est variable, et qu'entendez-vous quand vous dites que la règle comprend un nombre déterminé de ces choses qui ne sont pas définies ? — Non, que vous en ayez conscience ou non, lorsque vous énoncez cette proposition : La règle n'est pas divisible à l'infini, parce que, se composant de parties, elle est nécessairement un nombre de parties, vous entendez sous ce mot « parties » des éléments derniers, obtenus après achèvement de la division de la règle, et vous supposez donc implicitement qu'il y a des éléments derniers, des éléments indivisibles, vous supposez ce que vous vouliez démontrer. Tout à l'heure, quand des éléments individuels étaient donnés, vous parliez de leur ensemble, admettant donc à priori qu'ils ont un nombre. Maintenant c'est un objet qui est donné : vous parlez de ses « parties », comme si elles étaient données, et il est impossible de les définir, sans sous-entendre ce qu'il s'agit de démontrer.

Nous touchons en somme, par notre exemple, à la question même du continu de la matière, et il est impossible de passer sous silence une argumentation que nos adversaires présentent fréquemment sous une forme saisissante, en reprenant pour leur compte la dialectique de Zénon d'Élée, et essayant de montrer, au nom du principe de contradiction, que le mouvement est inconciliable avec le continu, c'est-à-dire avec la divisibilité illimitée d'une étendue ou d'une durée concrète. La durée et l'étendue, disent-ils en substance, quand elles cessent d'être des quantités abstraites, pour être effectivement parcourues, traversées, apparaissent aux yeux de la raison comme nécessairement discontinues, car le continu équivaudrait à une suite inépuisable qui s'épuise, à un nombre infini d'éléments qui se finit. « La contradiction, dit M. Renouvier, est ici dans la supposition même qui réalise l'irréalisable, et c'est l'esprit de cet argument fameux et tant méconnu de Zénon d'Élée, appelé l'Achille. Leibnitz a donné l'exemple de ne le point comprendre. » Voici en effet ce qu'écrivait Leibnitz à l'abbé Foucher : « Ne craignez point la tortue que les Pyrrhoniens faisaient aller aussi vite qu'Achille, vous avez raison de dire que toutes les grandeurs peuvent être divisées à l'infini. Il n'y en a point de si petite dans laquelle on ne puisse concevoir une infinité de divisions que l'on n'épuisera jamais. Mais je ne vois pas quel mal il en arrive, ou quel besoin il y a de les épuiser. Un espace divisible sans fin se passe dans un temps aussi divisible sans fin. » Et M. Renouvier de répondre : « Le mal qui en arrive, et pour lequel les yeux du métaphysicien sont couverts du bandeau d'un système, c'est que, s'il y a des divisions qu'on n'épuisera jamais, parce qu'elles sont sans fin, on ne les épuisera jamais en effet. Et par conséquent on ne finira pas de passer. Et quel besoin de les épuiser ? demande-t-on. Mais tout simplement le besoin de passer, si c'est de cela qu'il est question. Or, il est bien question de passer, puisqu'on ajoute que l'espace infiniment divisible se passe dans le temps infiniment divisible. Mais l'espace et le temps ont beau se suivre et s'accommoder l'un à l'autre en parfaite correspondance dans leurs divisions respectives, ni l'un ni l'autre ne peuvent se passer, quand par hypothèse ils sont intraversables, étant inépuisables. Voilà l'argument dans sa force ; il revient à dire que l'infini ne peut se définir (1). »

L'argument ne saurait être présenté avec plus de vigueur, il ne nous convainc pas cependant. Lorsque, envisageant une étendue parcourue par un mobile, ou la durée du mouvement, je me plais à les diviser en 2, 4, 8,... parties égales, par exemple, je mets en évidence des éléments dont à chaque instant ces quantités concrètes sont la somme. Je ne les crée pas, ils existaient avant que je leur eusse imposé des limites, mais l'étendue ou la durée ne peuvent être clairement appelées sommes de parties que si j'interviens pour définir ces parties. Si on ne reconnaît pas cette condition comme indispensable à la détermination numérique de ces quantités, qu'on nous dise de quelles parties elles sont collections ; et il n'y aurait qu'un moyen de nous répondre, ce serait de supposer tout de suite aux mots *parties* ou *divisions* un sens indépendant de notre esprit, en lui faisant désigner des éléments irréductibles d'étendue ou de durée. Il est à peine nécessaire de faire remarquer qu'on ne prouverait rien ainsi. Dès lors, les parties ou divisions qui sont parcourues dans le temps ou dans l'espace, celles dont le nombre déterminé, fini, s'épuise nécessairement, ce sont les portions mises en évidence par moi, délimitées par moi, en ce sens que, dans la série des divisons successives auxquelles je me

(1) *Critique philosophique*, 5ᵐᵉ année, II, p. 69.

livre par la pensée, je m'arrêterai à tel ou tel moment.
Mais cette suite d'opérations abstraites est illimitée, elle
n'a pas de terme, nous sommes tous bien d'accord sur
ce point. Nous ne risquons pas, par conséquent, de pouvoir jamais assigner ce terme, auquel correspondrait la
chimère du nombre infini, à la division de nos quantités
concrètes.. Il ne pourra pas être question d'en faire une
somme d'éléments sans fin. Dans quel sens direz-vous
donc qu'une suite d'éléments sans fin se finit ? qu'une
suite inépuisable s'épuise ? Ce qui se finit, c'est le mouvement, il est bien sûr que la quantité se parcourt ;
mais, même dans l'hypothèse du continu, c'est-à-dire
en supposant que cette quantité soit divisible par moi
en un nombre de parties aussi grand que je voudrai, où
est la nécessité, que dis-je? où est la possibilité de dire
qu'une suite illimitée d'éléments se termine, quand il
entre dans la définition même de chaque élément l'obligation de faire partie d'une suite illimitée ?

Et quoi, je construis une échelle d'abstraits $\frac{1}{2}$, $\frac{1}{4}$, $\frac{1}{8}$...
que vous reconnaissez sans fin ; j'envisage sur une
quantité concrète une suite d'éléments correspondant
aux termes successifs de ma série numérique, et, si j'admets alors que la correspondance puisse se continuer
sans limite, c'est-à-dire aussi loin que je voudrai, mais
de telle façon que *jamais je n'embrasse ainsi la quantité entière*, vous en profitez pour déclarer que celle-ci
équivaut à une suite infinie d'éléments ! De ce que je
ne peux pas, si loin que je prolonge l'effort, reconstruire la quantité tout entière avec les portions que
j'ajoute, vous concluez que celle-ci est la somme de la
suite infinie des éléments que j'additionne ! Mais c'est
la conclusion contraire qui semble mille fois plus naturelle : l'étendue ou la durée ne sont pas assimilables à
des sommes d'un nombre infini de parties ; et alors
quel mal y a-t-il à ce que de pareilles sommes ne se

reconstituent pas, puisqu'il ne faut pas les confondre avec les quantités à parcourir ? Nous dirons avec Leibnitz : Quel besoin y a-t-il que ces sommes s'épuisent ? Le besoin de passer, nous dit-on. On confond deux choses bien distinctes, la fin du mouvement par lequel l'étendue ou la durée est traversée, avec la fin d'une construction, qui de sa nature même n'en peut point avoir. Prétendre le contraire, c'est supposer l'inintelligible, c'est admettre que la quantité à parcourir représente la somme des divisions qui correspondraient à *tous les termes* de la série abstraite supposée achevée. On nous accuse de contradiction, et on ne voit pas qu'en identifiant le fait de passer, d'épuiser l'étendue ou la durée, pour le mobile qui la parcourt, avec la nécessité pour nous de parvenir au terme d'une construction qui n'en a pas, on se rend d'abord coupable d'une confusion inintelligible. Certes, l'esprit peut éprouver quelque déception à ne pouvoir ajouter des éléments jusqu'à reproduire la quantité concrète. Il cherche instinctivement à approcher d'aussi près que possible du terme réel de la quantité, mais il se heurte à un obstacle insurmontable, dès qu'il veut ne plus se contenter d'une approximation. Il lui faut bien renoncer à concevoir l'étendue ou la durée comme sommes d'éléments se succédant d'après la loi particulière qu'il a choisie ; il lui faut bien renoncer à épuiser la quantité comme il essayait de le faire, se plaçant, pour ainsi dire, dans une position spéciale, choisie par lui, — sans nier pour cela qu'elle s'épuise réellement. A cette question : Quel besoin y a-t-il d'épuiser les divisions sans fin, il ne faut pas répondre : « Le besoin de passer », mais « Le besoin de *voir passer* », et de *voir* en regardant *d'une certaine manière ;* au fond, dans ce besoin qu'on nous donne comme une nécessité de fait, nous avons quelque peine à trouver autre chose qu'un caprice de l'esprit.

M. Evellin a repris, en y insistant à son tour, la thèse
de M. Renouvier. C'est le fameux problème de l'Achille
qui lui sert d'exemple :

« Deux coureurs entrent en lice : l'un renommé pour
son agilité, c'est Achille ; l'autre connu pour sa lenteur,
la tortue. Feignons, en vue de simplifier, que la vitesse
du premier soit décuple de celle du second, et que la
distance qui sépare l'un de l'autre soit de dix unités de
mesure. Ils partent, et en peu d'instants Achille aux
pieds légers atteint la tortue ; on peut même par le
calcul fixer exactement le point de rencontre. Voilà le
fait... Si l'espace franchi par les deux coureurs est de
même nature que l'étendue idéale, Achille doit renoncer
à atteindre la tortue. Comment l'atteindrait-il ? L'avance
de la tortue sera toujours de un dixième de l'espace
franchi par Achille, et, comme la divisiblité d'une semblable étendue est sans fin, le dixième dont nous parlons représentera toujours une étendue, par suite une
avance. La rencontre en définitive sera impossible. »

A-t-on ainsi démontré vraiment que le fait de la rencontre est contradictoire avec le continu de la quantité
à parcourir ?

L'hypothèse du continu est traduite dans le raisonnement précédent par ces mots : « la divisibilité de
l'étendue est sans fin », autrement dit : l'étendue ou la
durée fournissent autant de portions que je leur en
demanderai ; elles ne cessent jamais de se prêter à la
détermination d'un nouvel élément concret, correspondant à un nouveau terme abstrait d'une suite évidemment sans limite. Ou les mots n'ont aucun sens, ou
c'est bien là, à nous reporter aux expressions mêmes
de M. Evellin, la continuité dont on veut montrer l'impossibilité, par ce seul fait que la rencontre est chose
incontestable.

Or, que nous dit-on ? L'avance de la tortue sera,

après chaque instant nouvellement considéré, le dixième
de l'espace qu'a parcouru Achille dans la durée de
cet instant ; cela est certain, mais prouve simplement
qu'en découpant ainsi sur l'étendue, qui aboutit au
point de la rencontre, des parties dont chacune est
le dixième de la précédente, mon esprit se met dans
l'impossibilité absolue d'atteindre, de saisir ce point de
la rencontre... Cela n'a rien que de fort naturel, et jamais personne ne soutiendra sérieusement que nous
puissions parvenir au terme d'une série qui n'en a pas.
Mais nous a-t-on fait voir que l'hypothèse du continu
exclut le fait de la rencontre, fait dont la réalité est en
dehors de la facilité avec laquelle je le conçois ou l'imagine, quand ma fantaisie me sert de guide ? On ne saurait répondre affirmativement qu'à une seule condition,
c'est d'admettre la simultanéité nécessaire de ces deux
choses : impossibilité pour nous de saisir le point de la
rencontre comme terme d'une suite illimitée d'éléments, et impossibilité pour ce fait de se produire réellement. En d'autres mots, le raisonnement qu'on nous
a présenté n'est rigoureux que si le point où se termine
la quantité concrète est la fin effective de la série
d'étendues que je construis successivement sur l'étendue
parcourue. On n'a démontré l'absurdité du continu,
que si sous ce mot on entend d'abord la réalisation de
cette chose étrange : une suite *illimitée* d'éléments en
lesquels se trouve décomposée une quantité *déterminée*,
une suite *illimitée finie*, *achevée*, puisqu'elle représenterait dans *son ensemble* l'étendue ou la durée concrète qui se termine à la rencontre.

Ah ! certes, si c'est là ce qu'on entend vraiment par
continu, que va-t-on chercher ce vieil argument de
Zénon ? Qu'essaie-t-on de mettre en contradiction un
pareil continu avec le fait du mouvement ? Tout cela
n'est-il pas trop compliqué pour mettre en évidence

l'impossibilité d'une suite infinie finie, d'une série sans terme terminée ? Mais la contradiction saute aux yeux, dès qu'on vient de construire cette notion. Celle-ci ne tient pas debout un seul instant, et il est curieux de voir alignés, pour en montrer l'absurdité, d'autres mots que ceux par lesquels on énoncerait simplement sa définition. Ce n'est pas seulement avec le mouvement, c'est avec tout ce qui existe, tout ce qu'on peut nommer et ayant un sens précis qu'est en contradiction une chose qui se détruit elle-même !

Mais peu importe : le seul fait intéressant est l'absurdité même de cette notion. Nous tomberons d'accord avec nos contradicteurs en déclarant que sûrement la distance qui sépare le point de départ de la tortue, par exemple, du point où l'atteint Achille, ne possède pas une pareille continuité. Mais la discontinuité à laquelle on veut conclure, l'existence d'éléments irréductibles pour le lieu et la durée de la course, ne peut plus logiquement se poser comme le négatif d'un attribut qui est un non-sens. Lorsque le continu désignait simplement la possibilité d'être divisé indéfiniment, c'est-à-dire en autant de parties que je voudrais, il était bien clair qu'aussitôt le continu exclu, le discontinu s'imposait. Mais il nous a fallu renoncer à ce sens trop subjectif dont ne s'accommode pas le raisonnement de Zénon pour démontrer l'impossibilité de la rencontre effective. Maintenant que s'est objectivée la signification du continu, le raisonnement n'a pas de peine à exclure cette qualité étrange de toute chose réelle, en particulier de l'espace et du temps dans lesquels se passe un mouvement déterminé ; mais alors aucune propriété définie n'est plus démontrée. Au nom de quelle contradiction nous refuserait-on le droit de juger indéfiniment divisible le chemin qu'ont à parcourir les coursiers avant leur rencontre ?

Il ne reste plus aux adversaires du continu qu'à nous
contester le droit de distinguer, quand il s'agit de quan·
tités concrètes, les deux significations de ce terme. Ils
nous diront : Si le chemin qu'ont à parcourir Achille et
la tortue était *indéfiniment divisible*, il serait par cela
même *indéfiniment divisé*, car chaque élément existe
réellement avant d'être désigné. Et nous retrouvons ici
ce besoin tout naturel, pour qui veut faire aboutir la
logique pure à quelque vérité concrète, d'admettre,
sans s'en douter parfois, la nécessité d'ajouter un attribut déterminé à ceux qui suffiraient déjà pour former
un concept parfaitement clair. L'affirmation de cette
nécessité implique toujours un postulat. De quelque
façon qu'on l'explique, on sort en tout cas de la logique
pure, le principe de contradiction n'est plus seul à
justifier les conclusions.

Faut-il beaucoup insister pour mettre ici le postulat en
évidence ? Redirons-nous une fois de plus que la possibilité pour nous de distinguer autant de portions qu'il
nous plaira, sur le chemin déterminé qui sépare chacun
de nos coursiers du point de leur rencontre, forme un
concept d'une clarté indiscutable ? que la propriété de
la même étendue d'être effectivement divisée à l'infini,
est un nouveau concept obtenu en ajoutant quelque
chose au précédent ? Si A désigne le premier, le second
sera, par exemple, A + B, et tout le monde est d'accord
sur ce point que A + B est un concept mal construit ; il
est contradictoire. Mais pourquoi veut-on que A soit
nécessairement A + B ? Chaque élément d'étendue que
je peux faire apparaître, c'est-à-dire, dans notre exemple,
le dixième de l'élément précédent, n'a sans doute pas
attendu que ma pensée le délimitât pour constituer
une étendue véritable, mais cette remarque ne s'applique qu'aux éléments désignés. Il y a, dans la définition
de chaque portion nouvelle, une condition qui dépend

de mon esprit, et elle suffit pour qu'une partie seule du
chemin à parcourir soit clairement une somme effective de ces portions de chemin. Vouloir que le chemin
entier soit une pareille somme, c'est énoncer, sans la
démontrer, une proposition qui dépasse dans la suite
des idées tout ce qui était posé jusque-là. Ce saut que
l'on franchit en substituant ainsi A + B à A est en
somme tout ce qui nous sépare. On ne peut le combler
sans sortir de la logique, et cela suffit pour que nous
déclarions hardiment qu'on ne raisonne plus sous la
garantie du principe de contradiction.

Au surplus, si nous résumons le raisonnement qu'on
nous propose, il se réduit au suivant : Ces trois choses
ensemble, le mouvement, le continu et le postulat suivant lequel une étendue ou une durée sont effectivement des nombres de parties, impliquent contradiction : donc le continu est inacceptable. Il serait tout
aussi logique de conclure, en postulant le continu :
donc il est faux que toute durée ou étendue soit effectivement une somme de parties.

Ainsi cette argumentation spéciale fondée sur la considération du mouvement ne vient rien changer à nos
conclusions, et nous avons bien le droit de dire :

En dehors des cas où un ensemble est donné, ainsi
que ses parties, le principe de contradiction ne nous
empêche pas d'envisager et de définir des individus,
sans concevoir leur ensemble, ou de considérer un tout
décomposable en éléments sans concevoir un nombre
déterminé d'éléments, dont il soit la somme.

Dès lors, la considération de tels événements passés
qu'il nous plaira de définir, celle de telles portions de
matière que nous saurons distinguer dans l'univers,
enfin la conception, dans une chose quelconque, de
telles parties que nous définirons à notre gré, n'impli-

quent pas la nécessité logique d'affirmer un passé limité, un univers borné, une matière discontinue. C'est à tort que le néocriticisme a cru pouvoir résoudre les antinomies de Kant au nom du principe de contradiction : l'antithèse n'est pas contradictoire (1).

(1) Nous n'avons pas ici à discuter si, cessant d'être contradictoire, l'antithèse est plus ou moins compréhensible que la thèse, puisque le principe de contradiction ne serait plus en jeu dans le débat.

CONCLUSION

Nous avons voulu établir que l'esprit doit renoncer à toute certitude logique dans le domaine du réel. Une analyse directe des conditions nécessaires à la contradiction nous a permis d'abord de démontrer notre thèse à priori. Sans revenir sur le subjectivisme kantien qui atteint toute notion, toute idée, toutes nos représentations, nous avons distingué celles-ci par le rôle plus ou moins précis que joue l'esprit dans leur formation, et nous avons ainsi pu montrer que la certitude logique exigerait, pour se reconnaître, la réalisation d'une condition idéale, dont on peut approcher sans jamais l'atteindre rigoureusement, à savoir l'exclusion de toute matière imposée à l'esprit dans la construction des éléments sur lesquels il raisonne. Et en même temps il nous a été permis de constater que, plus cette condition idéale est près d'être réalisée, plus est légitime l'usage du principe de contradiction, plus aussi est subjective, relative à nous-mêmes et non aux choses, l'indication qui en résulte.

De ces considérations générales et abstraites nous

avons porté la discussion sur un térrain concret et vivant, pour ainsi dire, en demandant aux mathématiques telles qu'elles existent de nous donner le secret de la rigueur logique qui leur est propre ; et, soit en nous adressant au flair instinctif du mathématicien ; soit par l'étude attentive de l'évolution que semblent suivre les notions essentielles de l'analyse moderne, à mesure qu'elle devient de plus en plus rigoureuse ; soit enfin par l'examen du rôle que jouent les concepts mathématiques dans la science générale de l'univers, nous avons été amené à concevoir une mathématique idéale ayant pour objets des éléments dépourvus de toute qualité sensible, de pures constructions de l'esprit, et dont la mathématique elle-même se rapproche de plus en plus à mesure qu'elle veut être plus démonstrative. La certitude logique, poursuivie par nous dans son domaine propre, ne nous est donc apparue que comme cachée sous un voile qui la sépare de la réalité objective, et nous avons été conduit par cette recherche exactement aux conclusions de notre première analyse.

Certes nous aurions eu peut-être alors le droit de juger notre thèse définitivement établie. Mais quiconque a parcouru la littérature philosophique de ces derniers temps sait avec quelle ténacité et quelle confiance naïve, contrastant singulièrement avec le scepticisme ordinaire de nos penseurs, un certain nombre de doctrines se trouvent couramment affirmées, qui contredisent manifestement notre thèse. Qui n'a lu ou entendu cette assertion que la « conservation de la force », pour employer une expression courante, condamne, au nom de la rigueur mathématique, la liberté psychologique ? Qui n'a rencontré cette affirmation si souvent répétée depuis Riemann, que Lobatchewsky et les néogéomètres ont définitivement ruiné la thèse de l'idéalisme kantien ? Enfin et surtout qui n'a eu l'occasion de lire, non pas seulement dans les écrits de M. Renouvier, mais dans les revues, dans les livres, dans les manuels, que ce qu'on nomme « l'infini actuel » est définitivement condamné au nom du principe de contradiction ?

Nous avons donc abordé l'examen direct de ces problèmes, en essayant de dénoncer chaque fois l'illusion d'où sont nées les opinions courantes. C'est ainsi que nous avons réduit le déterminisme mécanique au sentiment pur et simple de la causalité, que nous avons ramené les prétendues conséquences philosophiques de la géométrie non euclidienne à l'opinion à priori qui les suggère, sans que cette géométrie vienne l'appuyer d'aucun argument nouveau, qu'enfin nous avons montré, enveloppées dans un postulat spécial, qui ne s'impose pas au nom des exigences primordiales de l'entendement, les raisons apportées pour la prétendue solution logique des antinomies.

Aurons-nous réussi à ruiner désormais l'illusion de la certitude logique ? — Hésiterait-on à nous suivre par crainte de quelque contre-coup qu'en pourraient ressentir la science et la morale ? Ce serait mal comprendre le véritable caractère de l'une et de l'autre.

A mesure que l'observation et l'expérimentation des faits se poursuivent et se perfectionnent, l'esprit s'efforce d'en dégager des notions, des lois, des formules, des théories, qui lui permettent de constituer la science, c'est-à-dire d'interpréter les faits sous une forme compréhensible, qui substitue l'unité à la multiplicité, l'ordre au désordre, le lien, le rapport, à la diversité brutale, la constance au perpétuel changement. Cette interprétation en un langage forgé par l'esprit au contact des choses, et inspiré, suggéré par elles, lui permet d'ailleurs non seulement de comprendre, en les reliant entre eux, les phénomènes dont la trame complexe forme la réalité, mais encore de les prévoir, et, par suite, aussi de les utiliser de mieux en mieux. En vertu d'une sélection naturelle, déterminée précisément par les progrès réalisés dans cette double voie de la compréhension théorique et de l'application, et parallèlement à l'observation des faits, les idées, les lois, les conceptions se succèdent, tantôt ne se prêtant qu'à une courte apparition, tantôt, au contraire, devant aux facilités qu'elles créent de sembler définitives. Ainsi se réalise dans les voies parallèles de l'expérience et de l'idée, un double progrès indéfini, ainsi se forme et se formera indéfiniment la science. L'absence de certitude logique équivaut ici à la nécessité que la science ne s'achève jamais, ni en aucun point, et que sa marche en avant se poursuive aussi longtemps que durera l'humanité elle-même.

Quant à la morale, qu'a-t-elle besoin de certitude logique ? Le sentiment du devoir et tous ceux qui l'accompagnent dans notre conscience ne s'imposent-ils pas avec une nécessité qui, par sa nature même, se sent au-dessus de toute tentative d'explication logique ? Ne trouvons-nous pas dans les élans de notre activité morale une base assez ferme et assez sûre ? Non seulement sur ce terrain nous nous sentons solides, du jour où nous renonçons franchement à toute certitude logique, mais même nous pouvons nous croire inattaquables Que pèseront en effet, près des idées morales qui s'imposent à nous, tous les systèmes plus ou moins ingénieux qui ne se trouveront pas en accord complet avec elles ? Nous saurons d'avance qu'ils ne se présentent pas plus qu'elles au nom des exigences logiques de l'entendement, qu'ils reposent en dernière analyse sur quelques postulats, suggérés par d'autres idées, et, nous plaçant au point de vue objectif, c'est-à-dire ici pratique, nous repousserons ces théories uniquement parce qu'elles heurtent un sentiment inébranlable. Mais, en les repoussant dans leurs applications pratiques, nous saurons aussi, en raison de notre sécurité même, apprécier sans arrière-pensée l'intérêt théorique des conceptions, et les juger dans leurs rapports avec les faits ou les analogies qui les ont suggérées : bref, nous sentant pratiquement au-dessus d'elle, nous saurons accorder à la science humaine, sur ce point comme sur tous les autres, la tolérance absolue dont elle a besoin pour continuer indéfiniment son œuvre.

C'est ainsi que nos conclusions, si restrictives à l'égard de la certitude logique, ne laissent pas de s'accorder avec les revendications les plus hautes de notre nature intellectuelle et morale.

FIN

TABLE DES MATIÈRES

7-8-7. — Tours, imp. E. Arrault et Cⁱᵒ.

www.ingramcontent.com/pod-product-compliance
Lightning Source LLC
Chambersburg PA
CBHW070618100426
42744CB00006B/522